Die dogmatische Untersuchung der Privilegierung des gesetzlich zum Rücktritt Berechtigten gemäß § 346 Abs. 3 S. 1 Nr. 3 BGB

Europäische Hochschulschriften

Publications Universitaires Européennes
European University Studies

Reihe II
Rechtswissenschaft

Série II Series II
Droit
Law

Bd./Vol. 4716

PETER LANG
Frankfurt am Main · Berlin · Bern · Bruxelles · New York · Oxford · Wien

Dae-Kyung Kim

Die dogmatische Untersuchung der Privilegierung des gesetzlich zum Rücktritt Berechtigten gemäß § 346 Abs. 3 S. 1 Nr. 3 BGB

Ausschluss der Wertersatzpflicht und Gefahrverteilung

PETER LANG
Internationaler Verlag der Wissenschaften

Bibliografische Information der Deutschen Nationalbibliothek
Die Deutsche Nationalbibliothek verzeichnet diese Publikation in der Deutschen Nationalbibliografie; detaillierte bibliografische Daten sind im Internet über <http://www.d-nb.de> abrufbar.

Zugl.: München, Univ., Diss., 2007

D 19
ISSN 0531-7312
ISBN 978-3-631-57727-1

www.peterlang.de

Meinen Eltern
in Liebe und Dankbarkeit

Vorwort

Diese Arbeit hat im Wintersemester 2007/2008 der Ludwig-Maximilians-Universität München als Dissertation vorgelegen und ist auf dem Stand von März 2007.

Von ganzem Herzen danke ich zunächst meinem sehr verehrten Doktorvater Herrn Prof. Dr. *Johannes Hager*, der mich nicht nur wissenschaftlich, sondern auch mit wertvollem Rat und Hilfe unterstützte, ohne seine wohlwollende Unterstützung und seine wertvollen Anregungen, wäre das Werk nicht zustande gekommen. Großen Dank schulde ich auch Herrn Prof. Dr. *Stephan Lorenz* für die zügige Erstellung des Zweitgutachtens und seine darin enthaltenen wertvollen Anregungen.

Herzlich danken möchte ich mich außerdem Herrn *Günter Hoibl* und dem wissenschaftlichen Assistent *Seo, Chun-Kyung*, die zum Korrekturlesen große Mühe gegeben haben. Der Hanns-Seidel-Stiftung gebührt schließlich Dank für die großzügige Förderung durch ein Stipendium und die Gewährung eines Druckkostenzuschlusses.

Ich widme die Arbeit meinen Eltern, die mich immer - gewiß nicht nur materiell - vorbildlich unterstützt haben. Mein größter Dank gilt aber endlich meiner lieben Ehefrau und meinem lieben Sohn für ihre nie endende Geduld, ihr Verständnis und ihre Fürsorge.

München, im November 2007 Dae-Kyung, Kim

Abkürzungsverzeichnis

a. A.	anderer Ansicht
a. F.	alte Fassung
Abl. EG	Amtsblatt der Europäischen Gemeinschaften
Abs.	Absatz
AcP	Archiv für die civilistische Praxis (Band, Seite)
ADHGB	Allgemeines Deutsches Handelsgesetzbuch von 1861
AG	Amtsgericht
ALR	Allgemeines Landrecht für die preußischen Staaten von 1794
Alt.	Alternative
AnwKom.	Anwaltkommentar
Art.	Artikel
Bd.	Band
Beil.	Beilage
BGB	Bürgerliches Gesetzbuch
BGH/ BGHZ	Bundesgerichtshof; auch: Entscheidung des Bundesgerichtshofs in Zivilsachen (Band, Seite)
BMJ	Bundesministerium der Justiz
BR-Drucks.	Bundesratsdrucksache
BT-Drucks.	Bundestagsdrucksache
Bzw.	Beziehungsweise
CISG	Übereinkommen der Vereinten Nationen über Verträge über den internationalen Warenkauf
DB	Der Betrieb (Jahr, Seite)
Ders. / dies.	Derselbe; dieselbe
DiskE.	Diskussionsentwurf eines Schuldrechtsmodernisierungs gesetzes: Entwurf des Bundesministeriums der Justiz mit dem Stand vom 4. 8. 2000.
Diss.	Dissertation

E I / E II	Entwurf eines Bürgerlichen Gesetzbuchs für das Deutsche Reich, Erste Lesung; Zweite Lesung
Einl.	Einleitung
f. / ff.	(fort)folgende
Fn.	Fußnote
FS	Festschrift
Gem.	Gemäß
ggf.	Gegebenenfalls
h. L.	Herrschende Lehre
h. M.	Herrschende Meinung
Habil.	Habilitation
HGB	Handelsgesetzbuch
Hrsg.	Herausgeber
Hs.	Hauptsatz
i. S. d.	im Sinne des/der
i. S. v.	im Sinne von
i. V. m.	in Verbindung mit
JA	Juristische Arbeitsblätter (Jahr, Seite)
JR	Juristische Rundschau (Jahr, Seite)
Jura	Juristische Ausbildung (Jahr, Seite)
jurisPK	Juris Praxis Kommentar zum Bürgerlichen Gesetzbuch
JuS	Juristische Schulung (Jahr, Seite)
JW	Juristische Wochenschrift (Jahr, Seite)
JZ	Juristenzeitung (Jahr, Seite)
Kap.	Kapitel
Krit.	Kritisch
LPartG	Lebenspartnerschaftsgesetz
MDR	Monatsschrift für Deutsches Recht (Jahr, Seite)
MünchKom	Münchener Kommentar zum Bürgerlichen Gesetzbuch
n. F.	neue Fassung

NJW	Neue Juristische Wochenschrift (Jahr, Seite)
NJW-RR	NJW-Rechtsprechungs-Report (Jahr, Seite)
OLG/ OLGZ	Oberlandesgericht; auch: Entscheidungen der Oberlandesgerichte in Zivilsachen (Jahr, Seite)
PECL	Principles of European Contract Law
Prot. I / II	Protokolle der 1. / 2. Kommission für die 1. / 2. Lesung des Entwurfs eines Bürgerlichen Gesetzbuchs für das Deutsche Reich
RegBegr.	Begründung der Bundesregierung zum Entwurf eines Gesetzes zur Modernisierung des Schuldrecht: BT-Drucks. 14/6040
RegE	Regierungsentwurf
RG / RGZ	Reichsgericht; auch: amtliche Sammlung der RG-Rechtsprechung in Zivilsachen (Band, Seite)
RGBl	Reichsgesetzblatt
Rn.	Randnummer
ROHG/ RHGE	Reichsoberhandelsgericht; auch: amtliche Entscheidungssammlung (Band, Seite)
Rspr.	Rechtsprechung; auch: Die Rechtsprechung der Oberlandesgerichte auf dem Gebiete des Zivilrechts
S.	Satz; Seite; Siehe
Sog.	Sogenannt
StVG	Straßenverkehrsgesetz
TE-OR	Teilentwurf zum Obligationenrecht von v. Kübel (1882)
VerlG	Gesetz über das Verlagsrecht
VersR	Versicherungsrecht (Jahre, Seite)
Vgl.	Vergleich
WM	Wertpapiermitteilungen (Jahr, Seite)
ZGS	Zeitschrift für das gesamte Schuldrecht (Jahr, Seite)
ZIP	Zeitschrift für Wirtschaftsrecht (Jahr, Seite)
ZustOR	Zusammenstellung der sachlich beschlossenen Bestimmungen des Obligationsrechts nach den Beschlüssen des Redaktionsausschusses der 1. Kommission (1882-1884)

Inhaltsverzeichnis

Teil I
Einleitung und Fragestellung

Teil II
Allgemeine Rechtsgrundlage von Wertersatzanspruch und Gefahrverteilung

Teil III
Dogmatische Untersuchung der Privilegierung des gesetzlichen Rücktrittsberechtigten

Teil I
Einleitung und Fragestellung

Kapitel 1. Einleitung

A. Einführung und Zwecke der vorliegenden Arbeit

Die Lehre vom Rücktrittsrecht war bereits im Laufe der Beratungen für die Kodifizierung des BGB und ist bis heute Gegenstand zahlreicher wissenschaftlicher Diskussionen. Nach Ansicht der Schuldrechtskommission „gehören die Vorschriften des BGB über die Durchführung des Rücktritts zu den schwächeren Partien der Kodifikation“[1]. Noch schärfer kritisierte bereits *von Caemmerer*: „die Rücktrittsvorschriften des BGB sind gesetztechnisch so missglückt und in zentralen Fragen auch rechtspolitisch so fragwürdig und umstritten, dass ein für Theorie und Praxis kaum noch zu durchdringendes Dickicht von Streitfragen und Thesen entstanden ist[2]“. Das Dickicht zu lichten war im Rahmen der Schuldrechtsmodernisierung ein Ziel des Reformgesetzgebers[3].

Nach dem Gesetz zur Modernisierung des Schuldrechts, dem eine Vereinheitlichung des Rechts der Leistungsstörungen zugrunde lag, wurden das Rücktrittsrecht sowie dessen Rechtsfolgen grundsätzlich umgestaltet. Die Neuregelung wird durch vier folgende Haupttendenzen geprägt[4]. Erstens, gelten §§ 346 ff. für das vertragliche und das gesetzliche Rücktrittsrecht gleichermaßen. Daher wurden die bisherigen Verweisungsvorschriften der §§ 327 S. 1, 467 S. 1, 634 Abs. 4 a. F. als überflüssig gestrichen. Zweitens, wurden die bisherigen Streitfragen der §§ 350 ff. a. F. abgeschafft und durch die einheitliche Wert-

---

1 Abschlussbericht, S. 178; BT-Drucks., 14/6040, S. 191.

2 *v. Caemmerer*, in: FS Larenz, S. 621, 625.

3 Vgl. BT-Drucks., 14/6040, S. 1; Abschlussbericht, S. 15; *Dauner-Lieb*, JZ 2001, 8, 9 f.: Die Neuregelung ergibt sich aus der Notwendigkeit, unmittelbar das BGB „übersichtlicher und zeitgemäßer“ zu gestalten sowie mittelbar zwei EG-Richtlinien (Richtlinie 1999/44/EG ABl. EG Nr. L 171/12, 2000/35/EG ABl. EG Nr. L 200) in das deutsche Recht umzusetzen; *Schmidt-Räntsch*, ZIP 2000, 1639, 1640 ff.

4 Abschlussbericht, S. 175 f.; BT-Drucks., 14/6040, S. 189 ff.; *Canaris*, Schuldrechtsreform, Einl., XXXV f.

ersatzpflicht des § 346 Abs. 2 ersetzt. Drittens, wurden hinsichtlich der Haftung auf Schadensersatz die Verweisungsregelungen der §§ 347 a. F., 989 durch eine Verweisung auf die allgemeinen Vorschriften der §§ 346 Abs. 4, 280 ff. ersetzt. Viertens, wurde schließlich die Gefahrtragungsregel der §§ 347, 350 a. F. im Reformverfahren als ungerecht angesehen und daher grundsätzlich geändert.

Die Zwecke der vorliegenden Arbeit bestehen darin, unter Berücksichtigung dieser oben genannten Schwerpunkte zu untersuchen, ob das BGB a. F. wirklich so missglückt war sowie ob das neue Rücktrittsrecht eindeutig und in sich widerspruchfrei formuliert ist. Dabei soll insbesondere die Privilegierung des gesetzlich zum Rücktritt Berechtigten des § 346 Abs. 3 S. 1 Nr. 3 behandelt werden. Denn § 346 Abs. 3 S. 1 Nr. 3 ist angesichts der einheitlichen allgemeinen Wertersatz- bzw. Schadensersatzpflicht als eine spezielle Ausnahmevorschrift anzusehen. In der Literatur ist der Anwendungsbereich sowie das Ausmaß des Privilegs heftig umstritten, abhängig davon, was unter Vertreten bzw. Vertretenmüssen i. S. v. § 346 Abs. 3 S. 1 Nr. 3 zu verstehen ist[5].

B. Fragestellung für die dogmatische Untersuchung

In der vorliegenden Arbeit wird zum einen untersucht, inwiefern durch die Schuldrechtsreform die Regelungen des BGB im Vergleich mit denen des BGB a. F. verbessert wurden, zum anderen, ob bzw. an welchen Stellen das reformierte BGB seine Schwächen bei theoretischer Untersuchung der Zielsetzung des Reformgesetzgebers sowie der unterschiedlichen Ansichten in der Literatur aufweist.

Zunächst werden in Kap. 2 die allgemeine Wertersatzpflicht gem. § 346 Abs. 2 sowie deren Ausnahmen gem. §§ 346 Abs. 2 S. 1 Nr. 3 Hs. 2, Abs. 3 S. 1 im Rückgewährschuldverhältnis behandelt. Darunter fallen insbesondere die Rückgabe- oder Beseitigungspflicht des Rückgewährschuldners bei Veräußerung oder Belastung, die begriffliche Untersuchung der bestimmungsgemäßen Ingebrauchnahme bzw. deren Anwendungsbereich und schließlich Berechnungsmethode bzw. -zeitpunkt des Wertersatzes.

---

5 Vgl. *Canaris*, Schuldrechtsreform, Einl., XL; Abschlussbericht, S. 174 ff.; *Huber*, in: Gutachten und Vorschläge, S. 855 ff.; BT-Drucks., 14/6040, S. 189 ff.; *Hager*, in: Ernst/ Zimmermann, Schuldrechtsreform, S. 429 ff.; *Kaiser*, JZ 2001, 1057, 1058 ff.: Daher ist § 346 Abs. 3 S. 1 Nr. 3 in der Literatur als wichtigste und zugleich heikelste Regelung des neuen Rückabwicklungsrechts anzusehen.

In Kap. 3 geht es um die in der Vergangenheit höchst umstrittene Frage der Gefahrverteilung und Haftung. Die bisherige sog. Alles-oder-Nichts-Lösung gem. §§ 350 ff. a. F. wurde durch das Modell der „Rückabwicklung dem Wert nach" beseitigt, da die Gefahrverteilung grundsätzlich mit der Wertersatzpflicht eng verknüpft ist. Hier werden insbesondere Verschuldensbegriff des § 351 a. F., Zufallsgefahr des § 346 Abs. 2 S. 1 Nr. 3 Hs. 1 sowie deren Ausnahmetatbestände des § 346 Abs. 3 S. 1 berücksichtigt[6].

Bei Kap. 4 handelt es sich um die Gleichbehandlung von vertraglichen und gesetzlichen Rücktrittsrechten. Anders als die bisherigen Verweisungsvorschriften der §§ 327 S. 1, 467 S. 1 a. F. sind in § 346 Abs. 1 beide Rücktrittsrechte im Rahmen der Rechtsfolgen einheitlich geregelt. Aber hinsichtlich des Privilegs für den gesetzlichen Rücktrittsberechtigten gem. § 346 Abs. 3 S. 1 Nr. 3 müssen beide Rücktrittsgründe noch genau unterschieden werden. Daraus ergibt sich die Frage, wie zwischen beiden Rücktrittsrechten abzugrenzen ist. Hierfür sollen insbesondere die Entstehungsgeschichte und die Verweisungsvorschrift des § 327 a. F. behandelt werden.

In Kap. 5 wird untersucht, ob das Kriterium der eigenüblichen Sorgfalt inhaltlich sowie systematisch widerspruchfrei zueinander passt, und ferner was unter dem Haftungskriterium i. S. v. § 346 Abs. 3 S. 1 Nr. 3 zu verstehen ist. Im Zusammenhang mit der Kenntnisnahme vom Rücktrittsgrund und dem Umfang des Privilegs ist vielmehr problematisch, ob das Privileg aus § 346 Abs. 3 S. 1 Nr. 3 nach Kenntnisnahme vom Rücktrittsgrund weiter angewendet werden soll, da nach dem Wortlaut des § 346 Abs. 3 S. 1 Nr. 3 das Wissen um das Rücktrittsrecht keine Rolle spielt. Daneben wird hier auch untersucht, ob der Anwendungsbereich des § 346 Abs. 3 S. 1 Nr. 3 auf andere Fälle der Rückgewährunmöglichkeit ausgedehnt werden kann.

Schließlich werden in Kap. 6 die Schadensersatzpflicht des Rückgewährschuldners gem. § 346 Abs. 4 sowie die Wertersatzpflicht für Nutzungen bzw. Verwendungen gem. § 347 untersucht. Im Rahmen des Vertretenmüssens des Rückgewährschuldners wird die Frage nach dem Zeitpunkt des Entstehens einer Pflicht und damit einer Anwendbarkeit des § 346 Abs. 4 bereits vor Rücktrittserklärung behandelt.

---

6 BT-Drucks., 14/6040, S. 196; Abschlussbericht, S. 188.

Teil II
Allgemeine Rechtsgrundlage von Wertersatzanspruch und Gefahrverteilung

Kapitel 2. Wertersatzanspruch beim gestörten Rückgewährschuldverhältnis

A. Einleitung

Durch das neue Rücktrittsrecht wurden die bisherigen Rechtsfolgen des Rücktritts vom Vertrag grundlegend umgestaltet. Hinsichtlich des Wertersatzes war es das Ziel der Modernisierung des Rücktrittsfolgenrechts, durch „ein grundsätzlich einheitliches Modell der Rückabwicklung dem Werte nach“[7] die bisherigen Streitfragen zu vermeiden. Dafür sieht § 346 Abs. 2 eine verschuldensunabhängige Wertersatzpflicht vor, soweit der Rücktrittsberechtigte den Untergang, eine wesentliche Verschlechterung oder eine anderweitige Unmöglichkeit der Herausgabe verursacht hat. § 346 Abs. 2 ist daher als Reaktion auf die Unmöglichkeit der Rückgewähr anzusehen[8].

I. Das bisherige zweigleisige Haftungssystem

Das BGB a. F. enthielt zum einen eine sog. Alles-oder-Nichts-Lösung gem. §§ 350 ff. a. F., zum anderen einen Schadensersatz durch Verweisung auf das Eigentümer-Besitzer-Verhältnis nach §§ 347 S. 2 a. F., 989; ein kompliziertes Haftungssystem. Wenn ein Vertragspartner den empfangenen Gegenstand aufgrund eigenen Verschuldens nicht oder nur verschlechtert herausgeben konnte, war er gem. §§ 347 S. 1 a. F., 989 als gesetzliche Reaktion auf die Rückgewährunmöglichkeit zum Schadensersatz verpflichtet[9].

---

7 BT-Drucks., 14/6040, S. 93; Abschlussbericht, S. 174 ff.; *Canaris*, Schuldrechtsreform, Einl., XXXVI.

8 Vgl. Staudinger/*Kaiser*, Vorbem. zu §§ 346-354, Rn. 24.

9 *Canaris*, Schuldrechtsreform, S. 775 f.

Eine Ausnahme gab es gem. §§ 350 ff. a. F. nur in dem Fall, wenn dem Rücktrittberechtigten die Rückgewähr vor Rücktrittserklärung unmöglich geworden war. Wenn nämlich der Rücktrittsberechtigte den Untergang, eine wesentliche Verschlechterung oder eine anderweitige Unmöglichkeit der Herausgabe gem. § 346 S. 1 a. F. zu vertreten hatte, wurde der Rücktritt gem. §§ 351 ff. ausgeschlossen. Hingegen war der Rücktritt gem. § 350 a. F. nicht ausgeschlossen, wenn der empfangene Gegenstand vor Rücktrittserklärung beim Rücktrittsberechtigten zufällig untergegangen war. Im BGB a. F. waren insbesondere der Verschuldensbegriff i. S. der §§ 347 S. 1, 351 a. F., 989 sowie die dem § 350 a. F. zugrunde liegende Gefahrtragungsregel rechtspolitisch heftig umstritten[10].

II. Die neue einheitliche Wertersatzpflicht

Das neue Rücktrittsfolgenrecht gem. §§ 346 ff. ersetzt die umstrittene Alles-oder-Nichts-Lösung der §§ 350 ff. a. F. und die Schadensersatzpflicht der §§ 347 S. 1 a. F., 989 durch eine einheitliche Wertersatzlösung. Als Kernstück des neuen Rücktrittsfolgenrechts wird eine Wertersatzpflicht bei Untergang und Verschlechterung der zurückzugewährenden Sache gem. § 346 Abs. 2 geregelt, die wiederum durch § 346 Abs. 2 S. 1 Nr. 3 Hs. 2 und Abs. 3 S. 1 eingeschränkt wird. Infolge des neuen Rücktrittsfolgenrechts werden die bisherigen Fragestellungen unerheblich, ob nämlich die zurückzugewährende Sache vor oder nach der Rücktrittserklärung untergegangen ist, ob die Sache teilweise oder ganz zerstört ist, ob der Rückgewährschuldner ein Rücktrittsberechtigter oder ein Rücktrittsgegner ist und letztlich, ob der Rückgewährschuldner die Rückgewährunmöglichkeit zu vertreten hat[11]. Ab dem Zeitpunkt der Rücktrittserklärung haften beide Rückgewährschuldner, wenn sie für die Unmöglichkeit der Rückgewähr verantwortlich sind, nicht nur für den verloren gegangenen Substanzwert, sondern auch für sonstige Folgeschäden[12].

Damit ist die einheitliche Wertersatzlösung des § 346 Abs. 2 für die Vertragsparteien interessengerechter geregelt als die Alles-oder-Nichts-Lösung der §§ 350 ff. a. F. und viel einfacher bzw. übersichtlicher geworden vor der

---

10 Vgl. *Gaier*, WM 2002, 1, 3; *Kaiser*, in: Westermann, Schuldrecht, S. 190 f.

11 BT-Drucks., 14/6040, S. 195; *Hager*, in: Dauner-Lieb/Heidel/Lepa/Ring, Schuldrecht, § 5, Rn. 16; *Gaier*, WM 2002, 1, 3: *Canaris*, Schuldrechtsreform, S. 779 f.

12 *Schwab*, in: Schwab/Witt, Rückabwicklung, S. 185; Staudinger/*Kaiser*, § 346, Rn. 126 f.

Reform. Dennoch sind die neuen Vorschriften hinsichtlich der Regelungstechnik nicht vollständig gelungen, da die Wertersatzpflicht bzw. deren Ausnahmen in den Aufzählungen der §§ 346 Abs. 2, Abs. 3 S. 1 nicht abschließend geregelt sind[13]. Daraus ergeben sich neue komplizierte Auslegungsprobleme, ob bzw. unter welchen Voraussetzungen jeder Rückgewährschuldner Wertersatz schuldet.

B. Wertersatz in einzelnen Fällen

I. Wertersatz bei nicht rückgabefähigen Leistungen

§ 346 Abs. 2 S. 1 Nr. 1 sieht vor, dass der Schuldner statt der Rückgewähr Wertersatz zu leisten hat, soweit die Rückgewähr oder die Herausgabe nach der Natur des Erlangten ausgeschlossen ist. Während er gem. § 346 Abs. 1 die Primärleistung als auch gezogene Nutzungen zurückzugewähren hat, kann der Gläubiger nach § 346 Abs. 2 S. 1 Nr. 1 den Wertersatz für die gezogenen Gebrauchsvorteile verlangen, die sich mit ihrem Genuss verflüchtigen und daher selbst nicht herausgegeben werden können[14].

Zwar erweitert § 346 Abs. 2 S. 1 Nr. 1 den bisherigen § 346 S. 2 a. F., der ausdrücklich nur „geleistete Dienste" und „die Überlassung der Benutzung einer Sache" nannte, zu einem allgemeinen Prinzip, aber der Anwendungsbereich ist äußerst begrenzt. Denn Gebrauchsüberlassungs- und Dienstleistungsverträge sind i. d. R. Dauerschuldverhältnisse, die jedenfalls ab Überlassung der Sache bzw. Aufnahme der Dienste nicht durch Rücktritt, sondern durch Kündigung beendet werden[15]. Daher beschränkt sich diese auf den Fall, dass die Hauptpflicht des Vertrags aus einer Nutzungsmöglichkeit besteht[16]. Sonst droht Gefahr, dass die Voraussetzungen des § 347 Abs. 1 S. 1, unter denen nicht gezogene Nutzungen zu ersetzen sind, unterlaufen werden[17]. Folglich soll in § 346 Abs. 2

---

[13] Staudinger/*Kaiser*, § 346, Rn. 132; vgl. *Wilhelm*, JZ 2001, 861, 869.

[14] *Schwab*, JuS 2002, 630, 631.

[15] *Canaris*, Schuldrechtsreform, S. 781; *Kaiser*, JZ 2001, 1057, 1058 f.; *dies.*, Staudinger, § 346, Rn. 98 f.

[16] Vgl. *Hager*, in: Dauner-Lieb/Heidel/Lepa/Ring, Schuldrecht, § 5, Rn. 18; MünchKom/*Janssen*, § 347, Rn. 22; *Muthers*, in: Henssler/Graf von Westphalen, Schuldrechtsreform, § 346, Rn. 5: Bei Bauwerken bzw. bei unkörperlichen Werken, wie z. B. Reisen od. Konzerten.

[17] AnwKom/*Hager*, § 346, Rn. 28, 31; *ders.*, in: Dauner-Lieb/Heidel/Lepa/Ring,

S. 1 Nr. 1 lediglich von einem Anspruch auf Wertersatz für gezogene Gebrauchsvorteile die Rede sein[18].

II. Rückgabe- oder Beseitigungspflicht bei Veräußerung oder Belastung

Nach § 346 Abs. 2 S. 1 Nr. 2 wird Wertersatz geschuldet, soweit der Rückgewährschuldner den empfangenen Gegenstand verbraucht, veräußert, belastet, verarbeitet oder umgestaltet hat. Nach der Begründung des Regierungsentwurfs soll diese Regelung die §§ 352, 353 a. F. ersetzen, also eine Umwandlung des Ausschlusstatbestands in eine Wertersatzpflicht. Damit tritt ein Surrogat an die Stelle des zurückzugewährenden Leistungsgegenstandes, und wird auch auf den Rücktrittsgegner erstreckt[19]. Aber anders als in § 353 a. F. wird dem Rückgewährgläubiger der Anspruch auf Wertersatz gem. § 346 Abs. 2 S. 1 Nr. 2 unabhängig davon gewährt, ob der Rückgewährschuldner den Gegenstand zurückerhalten kann. Daher ist vor allem umstritten, ob der Rückgewährschuldner Anstrengungen unternehmen muss, um eine Veräußerung, Belastung oder Umgestaltung rückgängig zu machen, oder von dieser Pflicht nur unter den Voraussetzungen des § 275 frei wird[20].

Nach den überwiegenden Auffassungen tritt die Wertersatzpflicht statt der Rückgewähr nach § 346 Abs. 1 erst dann ein, wenn der Rückgewährschuldner die Veräußerung oder die Belastung der Sache endgültig nicht rückgängig machen kann[21]. Soweit die Primärleistung in Natur herausgegeben werden kann, bleibt kein Raum für den Wertersatzanspruch, da der Wertersatzanspruch als Sekundäranspruch nur anstelle der Rückgewähr gegeben ist[22]. Die Verpflichtung, die empfangene Leistung als solche zurückzugewähren, ist nach § 275 Abs. 1 erst dann ausgeschlossen, wenn die Rückgewähr in Natur objektiv oder

---

Schuldrecht, § 5, Rn. 18.

[18] *Schwab*, in: Schwab/Witt, Rückabwicklung, S. 185 f.; *Hager*, in: Dauner-Lieb/ Heidel/ Lepa/Ring, Schuldrecht, § 5, Rn. 18.

[19] AnwKom/*Hager*, § 346, Rn. 35; *ders.*, in: Dauner-Lieb/Heidel/Lepa/Ring, Schuldrecht, § 5, Rn. 19.

[20] Vgl. *Schwab*, JuS 2002, 630, 631 f.; jurisPK/*Faust*, § 346, Rn. 34 f.; *Benicke*, ZGS 2002, 369, 371.

[21] Vgl. Staudinger/*Kaiser*, § 346, Rn. 151 f.; *Canaris*, Schuldrechtsreform, Einl., XXXVII; *Arnold*, Jura 2002, 154, 157; *Schwab*, JuS 2002, 630, 631 f.; AnwKom/*Hager*, § 346, Rn. 37; schon. *Raisch*, in: FS Duden, S. 399, 407.

[22] AnwKom/*Hager*, § 346, Rn. 37; Bamberger/Roth/*Grothe*, § 346, Rn. 18; vgl., Art. 47 Abs. 1, 49 Abs. 1 UN-Kaufrecht.

subjektiv unmöglich ist. Subjektiv unmöglich ist die Rückgewähr nach § 275 Abs. 1 nicht schon infolge der Veräußerung oder Belastung, sondern erst dann, wenn der Rückgewährschuldner den Gegenstand nicht mehr zurückbekommen kann bzw. die Belastung nicht mehr rückgängig machen kann[23]. Daher sind die Tatbestandmerkmale „Veräußerung“ und „Belastung“ allgemein einschränkend auszulegen, um sie mit § 275 Abs. 1 zu harmonisieren[24]. Zudem wird das Interesse des Rückgewährgläubigers an Erfüllung in Natur in § 346 Abs. 2 S. 1 Nr. 2, nämlich die hingegebene Leistung in Natur zurückerhalten, nicht ausreichend berücksichtigt[25]. Seine Bereitschaft, gegen eine Gegenleistung auf den hingegebenen Gegenstand zu verzichten, ist indes an die Bedingung der planmäßigen Durchführung des Vertrags gebunden[26].

Dagegen ist die Beseitigungspflicht des Rückgewährschuldners nach den Gegenansichten abzulehnen. Zum einen fehle es für die Beseitigungspflicht an jeglichen gesetzlichen Anhaltspunkten. Hätte der Gesetzgeber insoweit eine abweichende Sichtweise einführen wollen, so hätte dies im Gesetz deutlich zum Ausdruck kommen müssen, ähnlich wie in den Formulierungen der §§ 283, 285, 326 Abs. 1. Aber nach dem ausdrücklichen Wortlaut des § 346 Abs. 2 S. 1 Nr. 2 geht nicht hervor, dass der Rückgewährschuldner Anstrengungen zu unternehmen hat, um den Gegenstand wiederzuerlangen[27]. Zum anderen sei dies auch gerechtfertigt, da der Rückgewährgläubiger grundsätzlich bereit gewesen sei, den Gegenstand für die vereinbarte Gegenleistung herzugeben. Auch würden seine Interessen durch den Anspruch auf Wertersatz insbesondere in wirtschaftlicher Hinsicht ausreichend geschützt[28]. Zum letzten belaste die Beseitigungspflicht den Rückgewährschuldner im Widerspruch zu den grundsätzlichen Wertungen des § 346 Abs. 1 und 2, die im Gegensatz zum vollen Schadensersatz stehen[29].

---

[23] *Schwab*, JuS 2002, 630, 631 f.; *Canaris*, in: Schulze/Schulte-Nölke, Schuldrechtsreform, S. 43, 52: Geldmangel befreit niemals von der Primärleistungspflicht. Dagegen ist die bloße Herausgabe des empfangenen Gegenstandes an einem Dritten keine Veräußerung oder Belastung. z. B. Beim Kauf gestohlener Sachen.

[24] *Schwab*, JuS 2002, 630, 631 f.: Der Rückgewährschuldner ist jedoch nicht befugt, die primäre Herausgabepflicht durch Leistung von Wertersatz abzuwenden.

[25] *Krebs*, DB 2000, Beil. 14, 1, 13.

[26] *Schwab*, JuS 2002, 630, 631 f.; *ders.*, in: Schwab/Witt, Rückabwicklung, S. 189 f.

[27] jurisPK/*Faust*, § 346, Rn. 34, 36; *ders.*, Schuldrechtsmodernisierung, § 10, Rn. 19; *Kaiser*, JZ 2001, 1057, 1062.

[28] *Benicke*, ZGS 2002, 369, 371; *Perkams*, Jura 2003, 150 f.; krit. dazu, *Krebs*, DB 2000, Beil. 14, 1, 13.

[29] Staudinger/*Kaiser*, § 346, Rn. 152 f.

Nach der Auffassung von *Benicke* als vermittelnde Ansicht ist der Rückgewährschuldner zur Behebung der Beeinträchtigung befugt, aber nicht verpflichtet und hat demnach ein Wahlrecht zwischen Rückgewähr und Wertersatz. Sonst liefe der Gesetzeswortlaut des Abs. 2 Nr. 2 weitgehend leer, denn die meisten Beeinträchtigungen lassen sich irgendwie beheben, zudem ist die Zumutbarkeitsgrenze sehr fließend[30].

III. Haftungsprivileg bei bestimmungsgemäßer Ingebrauchnahme

1. „Bestimmungsgemäße Ingebrauchnahme"

Nach § 346 Abs. 2 S. 1 Nr. 3 haftet der Rückgewährschuldner auf Wertersatz, wenn der empfangene Gegenstand sich verschlechtert hat oder untergegangen ist; jedoch bleibt die durch die bestimmungsgemäße Ingebrauchnahme entstandene Verschlechterung außer Betracht. Verschlechterung ist jede Veränderung des Leistungsgegenstandes oder Beeinträchtigung der Funktionstauglichkeit, die aus Sicht des Rückgewährgläubigers nachteilig ist, und Untergang ist die vollständige Vernichtung der Sachsubstanz[31]. Was unter dem Begriff einer bestimmungsgemäßen Ingebrauchnahme zu verstehen ist, richtet sich nach dem Vertragsinhalt, also was die Parteien im Vertrag vereinbart oder vorausgesetzt haben. Fehlt eine besondere Vereinbarung ist die Verkehrsauffassung maßgeblich[32]. Die Gesetzesbegründung rechtfertigt die Freistellung des Empfängers der Wertersatzpflicht mit dem Umstand, dass der Rückgewährgläubiger entweder durch die Lieferung einer mangelhaften Sache die Ursache für den Rücktritt gesetzt oder sich durch Vereinbarung eines vertraglichen Rücktrittsrechts auf das Risiko der Rückabwicklung eingelassen hat[33]. Dieses Haftungsprivileg gem. § 346 Abs. 2 S. 2 Nr. 3 Hs. 2 entspricht auch der bisherigen Rechtsprechung des BGH[34]. Hingegen ist der Anwendungsbereich des Privilegs aus § 346 Abs. 2 S. 1 Nr. 3 Hs. 2 in der Gesetzesformulierung unklar, insbesondere bezüglich des Begriffs der Ingebrauchnahme und der Verschlechterung.

---

30 *Benicke*, ZGS 2002, 369, 371; Erman/*Bezzenberger*, § 346, Rn. 7.

31 Palandt/*Grüneberg*, § 346, Rn. 9; MünchKom/*Gaier*, § 346, Rn. 42; Staudinger/*Kaiser*, § 346, Rn. 139, 140; AnwKom/*Hager*, § 346, Rn. 36, 38.

32 Vgl. *Kaiser*, JZ 2001, 1057, 1061; *Schwab*, in: Schwab/Witt, Rückabwicklung, S. 192; *Faust*, Schuldrechtsmodernisierung, § 10, Rn. 25.

33 Diskussionsentwurf, S. 193 f.

34 Vgl. BGH, NJW 1984, 1525, 1527; BGH, NJW 1998, 3197, 3199.

In der Gesetzesbegründung[35] wird eine durch Ingebrauchnahme entstandene Verschlechterung nicht auf den Verschleiß abgestellt, der durch den Gebrauch der Sache eintritt, sondern nur auf die Wertminderung, die schon allein dadurch entsteht, dass die Sache infolge der Ingebrauchnahme als solche an Wert verliert, so dass, es sich nicht mehr um eine „neue Sache", sondern um eine „gebrauchte Sache" handelt[36]. Die daraus folgende Wertdifferenz hat der Rückgewährgläubiger zu tragen[37]. Daher ist eine durch bestimmungsgemäße Ingebrauchnahme entstandene Verschlechterung als ein echtes Haftungsprivileg selbst für Fälle außerordentlicher Werteinbußen anzusehen[38].

Bezüglich der analogen Anwendbarkeit des Begriffs „Gebrauch"[39] soll das in einem systematischen Vergleich mit § 346 Abs. 2 S. 1 Nr. 2 und Nr. 3 zu verneinen sein. Denn der Rückgewährschuldner schuldet für den durch den bestimmungsgemäßen Gebrauch eingetretenen Wertverlust einen Ersatz nicht nach § 346 Abs. 2 S. 1 Nr. 3, sondern nach § 346 Abs. 1, da die daraus folgende Abnutzung nach der Entwurfsbegründung nicht eine Verschlechterung i. S. des § 346 Abs. 2 S. 1 Nr. 3 darstellt[40]. Vielmehr gehören die Gebrauchsvorteile gem. § 100, also das Maß der Abnutzung und die hierdurch eingetretene Wertminderung, zu den gezogenen Nutzungen i. S. v. § 346 Abs. 1, daher sind diese nach § 346 Abs. 1 herauszugeben oder wenn ihre Herausgabe nach der Natur des Erlangten ausgeschlossen ist, nach § 346 Abs. 2 S. 1 Nr. 1 zu ersetzen[41].

---

[35] BT-Drucks., 14/6040, S. 200.

[36] z. B. Die Erstzulassung eines fabrikneuen Pkw, das erstmalige Tragen neuer Kleidung.

[37] *Canaris*, Schuldrechtsreform, Einl., XXXVII; *Rolland*, in: Schuldrecht, § 4, Rn. 47; *Kaiser*, JZ 2001, 1057, 1061; AnwKom/*Hager*, § 346, Rn. 41.

[38] *Schwab*, in: Schwab/Witt, Rückabwicklung, S. 192, 196.

[39] *Kaiser*, JZ 2001, 1057, 1061; *Schwab*, in: Schwab/Witt, Rückabwicklung, S. 192, 196: Dieser Ansicht nach sei der Begriff der „Ingebrauchnahme" hinsichtlich des Privilegs zu eng geraten. Da für das Privileg eine Unterscheidung der Ingebrauchnahme vor Kenntnis des Rücktrittsgrundes vom Weitergebrauch nach Kenntnis nicht notwendig sei, sei der „Gebrauch" der bessere Begriff.

[40] *Canaris*, Schuldrechtsreform, Einl., XXXVIII; BT-Drucks., 14/6040, S. 193; juris PK/*Faust*, § 346, Rn. 48 f.; AnwKom/*Hager*, § 346, Rn. 41; *Rolland*, in: Schuldrecht, § 4, Rn. 47.

[41] BT-Drucks., 14/7052, S. 193; *Canaris*, Schuldrechtsreform, Einl., XXXVIII; vgl. unten Kap. 6, E I 1, 2.

2. Ausnahme des Privilegs nach § 357 Abs. 3

Nach § 357 Abs. 3 S. 1 hat der Verbraucher ausnahmsweise und abweichend vom Grundsatz des § 346 Abs. 2 S. 1 Nr. 3 Hs. 2 eine durch die bestimmungsgemäße Ingebrauchnahme entstandene Wertminderung zu ersetzen, wenn er spätestens bei Vertragschluss in Textform auf diese Wertersatzpflicht und auf eine Möglichkeit hingewiesen worden ist, den Wertverlust zu vermeiden. Ob diese Regelung mit dem Schutzzweck des Widerrufrechts bzw. Art. 6 Abs. 2 Fernabsatz-Richtlinie vereinbar ist, ist umstritten[42].

Zunächst ist die Ausnahmeregelung des § 357 Abs. 3 S. 1 im Vergleich mit der bisherigen Rechtslage des Verbrauchers als ungerecht anzusehen[43]. Während nach § 361 a Abs. 2 S. 4, 5 a. F. der Verbraucher Wertersatz nur im Falle zu vertretender Verschlechterung bzw. Untergang zu leisten hatte und der Verschuldensmaßstab überdies auf Vorsatz und grobe Fahrlässigkeit beschränkt war, hat er nach § 357 Abs. 3 S. 1 abweichend von § 346 Abs. 2 S. 1 Nr. 3 auch einen verschuldensunabhängigen Wertersatz für eine durch die bestimmungsgemäße Ingebrauchnahme der Sache entstandene Verschlechterung zu leisten[44]. Muss der Verbraucher nach dieser Regel den Wertverlust infolge der bestimmungsgemäßen Abnutzung ersetzen, kann in der Tat von einer freien Entscheidung kaum mehr die Rede sein. Ein solches Ergebnis steht dem Schutzzweck des Widerrufsrechts entgegen, es ist daher als nicht überzeugend anzusehen[45]. Auch im Zusammenhang mit Art. 6 Abs. 2 Fernabsatz-Richtlinie ist die Rechtswidrigkeit des § 357 Abs. 3 S. 1 problematisch[46]. Denn nach dieser Vorschrift dürfen dem Verbraucher bei Ausübung des Widerrufs lediglich die Kosten der unmittelbaren Rücksendung auferlegt werden[47].

---

42 Richtlinie 97/7/EG, ABl. EG Nr. L 144, S. 19; *Ring*, in: Dauner-Lieb/Heidel/ Lepa/ Ring, Schuldrecht, § 12, Rn. 151 f.; a. A. BT-Drucks., 14/6040, S. 199; *Bülow*, NJW 2002, 1145, 1150.

43 Vgl. *Hager*, in: Ernst/Zimmermann, Schuldrechtsreform, S. 446 f.; *Ring*, in: Dauner-Lieb/Horst/Karsten, Schuldrecht, S. 347 f.; *ders.*, in: Dauner-Lieb/Heidel/Lepa/Ring, Schuldrecht, § 12, Rn. 1 ff.; *Schulze/Ebers*, JuS 2004, 366, 370 f.

44 Erman/*Saenger*, § 357, Rn. 15 f.; Bamberger/Roth/*Grothe*, § 357, Rn. 8 f.; *Faust*, Schuldrechtsmodernisierung, § 10, Rn. 26; *Kaiser*, in: Westermann, Schuldrecht, S. 197.

45 Vgl. *Hager*, in: Ernst/Zimmermann, Schuldrechtsreform, S. 447 f.; *Schulze/Ebers*, JuS 2004, 366, 371.

46 *Ring*, in: Dauner-Lieb/Heidel/Lepa/Ring, Schuldrecht, § 12, Rn. 151 f.; Richtlinie 97/ 7/EG, ABl. EG Nr. L 144, S. 19.

47 BT-Drucks., 14/6040, S. 199; vgl. *Schulze/Ebers*, JuS 2004, 366, 371: Der Gegenansicht nach entstehen die durch § 357 Abs. 3 S. 1 dem Verbraucher auferlegten Kosten

Hingegen steht der Verbraucher nach überwiegenden Auffassungen zwar schlechter als der aus anderen Gründen Rücktrittsberechtigte, aber diese Schlechterstellung ist mit folgenden Gedanken als gerechtfertigt anzusehen[48]. Zum einen hat der Unternehmer ordnungsgemäß geleistet, damit dürften ihm auch keine Nachteile entstehen. Sonst wäre der Unternehmer unbillig hart getroffen, da der Verbraucher auch durch Befolgung dieses Hinweises einen Wertersatzanspruch des Unternehmers vermeiden kann[49]. Zum anderen sind die Widerrufs- und Rückgaberechte dem Verbraucher allein zur Wahrung seiner rechtsgeschäftlichen Entscheidungsfreiheit eingeräumt worden, ohne dass damit ein Vorwurf an den anderen Teil verbunden wäre[50]. Also kann der Unternehmer nicht vermeiden, eine gebrauchte Sache vom Verbraucher zurücknehmen zu müssen, obwohl er vertragsgemäß geliefert hat. Ein solches Ergebnis ist auf die Ausgangslage der Widerrufsrechte zurückzuführen. Im Gegensatz zu Normalfällen des § 346 Abs. 2 S. 1 Nr. 3 liegen den verbraucherschützenden Widerrufs- und Rückgaberechten weder der Gedanke der Pflichtverletzung noch der Gedanke der Freiwilligkeit zugrunde, sondern der Gedanke des Schutzes der Entscheidungsfreiheit des Widerrufsberechtigten[51]. Jedoch darf dem Verbraucher ein Wertverlust nicht aufgebürdet werden, der auf die Prüfung der Sache zurückzuführen ist. Sonst widerspräche dies dem wesentlichen Sinn und Zweck des Widerrufsrechts[52].

---

demgegenüber nicht „infolge des Widerrufs“, sondern durch die vorhergehende Benutzung, so dass kein Richtlinienverstoß vorliegt.

[48] *Kaiser*, in: Westermann, Schuldrecht, S. 197; *Faust*, Schuldrechtsmodernisierung, § 10, Rn. 26; *Ring*, in: Dauner-Lieb/Horst/Karsten, Schuldrecht, S. 354 f.

[49] BT-Drucks., 14/6040, S. 199 f.; *Ring*, in: Dauner-Lieb/Horst/Karsten, Schuldrecht, S. 354 f.; *Kaiser*, JZ 2001, 1057, 1065.

[50] *Lorenz*, Schuldrecht, Rn. 447.

[51] Vgl. *Ring*, in: Dauner-Lieb/Horst/Karsten, Schuldrecht, S. 354 f.; *Lorenz*, in: Schulze /Schulte-Nölke, Schuldrechtsreform, S. 348 f.; *Hager*, in: Ernst/Zimmermann, Schuldrechtsreform, S. 446 f.

[52] *Hager*, in: Ernst/Zimmermann, Schuldrechtsreform, S. 446 f.; *Benicke*, ZGS 2002, 369, 375.

C. Die Berechnung des Wertersatzes

I. Vertraglich vereinbarte Gegenleistung gem. § 346 Abs. 2 S. 2

Nach welchen Maßstäben die Höhe des Wertersatzes zu bestimmen ist, ist fraglich, wenn eine Partei im Rückgewährschuldverhältnis nach § 346 Abs. 2 zum Wertersatz verpflichtet wird[53]. Nach § 346 Abs. 2 S. 2 ist dem Umfang des Wertersatzes nicht der objektive Wert der Sache, sondern die vertraglich vereinbarte Gegenleistung zugrunde zu legen. Soweit eine solche Bestimmung fehlt, sollen die objektiven Wertverhältnisse wie in § 818 Abs. 2 maßgebend sein[54]. Nach der Begründung der Kommission ist das grundsätzliche Festhalten an den vertraglichen Bewertungen als interessengerecht anzusehen, da die aufgetretene Störung allein die Rückabwicklung, nicht aber die von den Parteien privatautonom ausgehandelte Entgeltabrede betrifft. Auch im Falle der Beeinträchtigung der vertraglichen Entgeltabrede verweist die Kommission auf die Möglichkeit, den Vertrag unter den Voraussetzungen der §§ 119 Abs. 2, 123 anzufechten und den Anspruch aus §§ 812 ff. geltend zu machen[55].

Im Laufe des Gesetzgebungsverfahrens wurde § 346 Abs. 2 S. 2 RegE jedoch auf heftige Kritik gestoßen. Denn sie hätte dazu führen können, dass beim Untergang einer verkauften, mangelhaften Sache der volle Kaufpreis als Wertersatz zu leisten gewesen wäre. Der Rücktritt wäre damit für den Käufer wirtschaftlich wertlos gewesen. Auf Vorschlag des Bundesrates wählte man daher die jetzige Formulierung, aber der Wortlaut des § 346 Abs. 2 S. 2 ist noch irreführend[56]. Als gedanklicher Hintergrund des § 346 Abs. 2 S. 2 wird die Unabhängigkeit zwischen der getroffenen Parteivereinbarung und der Ebene ihrer Erfüllung aufgegriffen[57]. Daher sollen beim Rücktritt die ehemalige vertragliche Einigung zwischen den Parteien und die spätere Rückabwicklung der ausgetauschten Leistungen streng von einander getrennt werden und kann die vertrag-

---

[53] Vgl. *Herold*, Rückabwicklungsschuldverhältnis, S. 112, Fn. 223: Bei einer rechtsmangelhaften Sache und einer Teilleistung werden sich diese Probleme in der Regel nicht ergeben.

[54] Abschlussbericht, S. 185; BT-Drucks., 14/6040, S. 196; Diskussionsentwurf, S. 432.

[55] Abschlussbericht, S. 185; Diskussionsentwurf, S. 432.

[56] Vgl. BT-Drucks., 14/6857, S. 22; *Herold*, Rückabwicklungsschuldverhältnis, S. 144 f.; *Arnold*, Jura 2002, 154, 157; *Hager*, in: Ernst/Zimmermann, Schuldrechtsreform, S. 429, 450; *ders.*, AnwKom, § 346, Rn. 43.

[57] Ausführlich *Sickinger*, Gefahrtragung, S. 30 ff.; *Leser*, Rücktritt, S. 47.

liche Vereinbarung der Parteien von der Güte der Erfüllung nicht mehr beeinträchtigt werden[58].

II. Meinungsstand und teleologische Reduktion des § 346 Abs. 2 S. 2

Ob bei Bemessung des Wertersatzes die Gegenleistung ein grundlegender Maßstab sein kann, ist in der Literatur heftig umstritten[59]. Die dem Reformgesetzgeber folgende Auffassung hält den vom Gesetzgeber gewählten Lösungsweg für eine durchaus interessengerechte Lösung[60]. Die Vorschrift soll gewährleisten, dass im Rahmen der Rückabwicklung das zwischen den Parteien vereinbarte Verhältnis von Leistung und Gegenleistung unverändert bestehen bleibt. Damit dient sie der Wahrung des subjektiven Äquivalenzprinzips und auf diesem Weg auch der Privatautonomie[61]. Auch durch die gesetzlich vorgeschriebene Methode zur Wertersatzberechnung können die mit Unsicherheiten verbundene Feststellung des objektiven Wertes eines Gegenstandes und die Schwierigkeit des Beweises vermieden werden[62]. Vor allem besitzen handelbare Gegenstände im freien Warenverkehr keinen von den Marktverhältnissen unabhängigen Wert, sondern die zwischen den Parteien getroffene Einigung wird als bestmögliche Annäherung an den objektiven Wert angesehen[63].

Dagegen wird diese Regelung von einigen Gegenansichten als verfehlt angesehen. Denn sie ermögliche in den Fällen des Wertersatzes dem Rücktrittsberechtigten, trotz des Rücktritts an dem für ihn günstigen vertraglichen Äquivalenzverhältnis festzuhalten, und hindere ihn umgekehrt daran, sich durch den Rücktritt von einem ihm ungünstigen Äquivalenzverhältnis zu lösen[64]. Dadurch

---

58 *Wolgast*, Rücktrittsfolgenrecht, S. 227 f.

59 Vgl. AnwKom/*Hager*, § 346, Rn. 42; bejahend z. B. *Canaris*, Schuldrechtsreform, Einl., XXXIX; ablehnend z. B. MünchKom/*Gaier*, § 346, Rn. 47; *Brox/Walker*, Schuldrecht, § 18, Rn. 29; *Faust*, Schuldrechtsmodernisierung, § 10, Rn. 40; *ders.*, jurisPK, § 346, Rn. 73.

60 *Lorenz*, Schuldrecht, Rn. 425; *Canaris*, Schuldrechtsreform, Einl., XXXIX; *Schwab*, in: Schwab/Witt, Rückabwicklung, S. 196 f.; vgl. auch *Hager*, in: Dauner-Lieb/ Heidel/ Lepa/Ring, Schuldrecht, § 5, Rn. 27 f.

61 *Canaris*, Schuldrechtsreform, Einl., XXXIX.

62 Vgl. Motive Bd. II, S. 231; *Benicke*, ZGS 2002, 369, 374; *Herold*, Rückabwicklungsschuldverhältnis, S. 111 f.; *Wolgast*, Rücktrittsfolgenrecht, S. 233.

63 *Benicke*, ZGS 2002, 369, 374; *Wolgast*, Rücktrittsfolgenrecht, S. 233.

64 *Gaier*, WM 2002, 1, 4 f.; *ders.*, MünchKom, § 346, Rn. 47; *Kaiser*, JZ 2001, 1057, 1070; *Faust*, Schuldrechtsmodernisierung, § 10, Rn. 41; *Canaris*, Schuldrechtsreform,

setzt sich der Gesetzgeber in Widerspruch zu dem von ihm selbst postulierten Ziel des Rücktritts, „die vor dem Vertragsschluss bestehende Rechtslage wieder herzustellen“[65]. Aus dem Ziel des Rücktritts ergibt sich auch keine Rechtfertigung, sich an den ehemaligen Äquivalenzvorstellungen der Parteien zu orientieren. Durch die Orientierung an der vertraglichen Gegenleistung kann das Äquivalenzgefüge des Vertrages zerrissen und etwa der Käufer ungerechtfertigt mit den Nachteilen des Geschäftes belastet werden, von dem er sich mit dem Rücktritt gerade lösen will[66]. Auch das vom Reformgesetzgeber befürwortete Trennungsprinzip zwischen dem Äquivalenz- und dem Rückabwicklungsverhältnis und die Verweisung des Käufers auf sein Anfechtungsrecht werden in der Literatur jedoch nicht als überzeugend angesehen. Denn dieser Rechtsbehelf konkurriere regelmäßig mit den Gewährleistungsvorschriften und § 119 Abs. 2 finde nach h. M. nach Gefahrübergang keine Anwendung mehr. Die Anfechtung infolge der arglistigen Täuschung nach § 123 werde nur in den wenigsten Fällen vorliegen und ggf. den Käufer zwingen, auf den Schadensersatz zu verzichten[67].

Insbesondere ist die grundsätzliche Ausrichtung der Wertersatzhaftung an der im Vertrag ausgehandelten Gegenleistung ganz offensichtlich verfehlt, jedenfalls soweit es sich um eine Lieferung mangelhafter Sachen handelt, da hier das vertragliche Äquivalenzverhältnis zwischen Leistung und Gegenleistung in der Regel gestört ist[68]. Im Fall des Rücktritts wegen der mangelhaften Sachleistung kann der Käufer gegen Rückgabe der erhaltenen Leistung den gesamten Kaufpreis zurückerhalten. Aber hat er zwischenzeitig schuldhaft den Untergang der Sachleistung herbeigeführt, so kann er zwar den Kaufpreis zurückverlangen, sein Anspruch hebt sich aber mit dem des Verkäufers aus § 346 Abs. 2 S. 2 auf. Konsequenterweise kann der Verkäufer nach Aufrechnung den ungekürzten Kaufpreis behalten, obwohl er eine mangelhafte Sache geliefert hat. Daher wird der Käufer im Ergebnis schlechter gestellt als bei Min-

---

Einl., XXXIX.

[65] BT-Drucks., 14/6040, S. 189 f.; vgl. jurisPK/*Faust*, § 346, Rn. 73; AnwKom/*Hager*, § 346, Rn. 42.

[66] Vgl. MünchKom/*Gaier*, § 346, Rn. 47; *Wolgast*, Rücktrittsfolgenrecht, S. 227; *Kaiser*, JZ 2001, 1057, 1059; *Herold*, Rückabwicklungsschuldverhältnis, S. 114.

[67] *Herold*, Rückabwicklungsschuldverhältnis, S. 114; *Hager*, in: Ernst/Zimmermann, Schuldrechtsreform, S. 451; *Kohler*, WM 1993, 45, 55; *Faust*, Schuldrechtsmodernisierung, § 10, Rn. 40, 45; *Wolgast*, Rücktrittsfolgenrecht, S. 230, Fn. 826.

[68] *Kohler*, WM 1993, 45, 54 f.; AnwKom/*Hager*, § 346, Rn. 43; Staudinger/*Kaiser*, § 346, Rn. 156.

derung[69]. Sofern er hierdurch von der Ausübung des Rücktritts zugunsten der Minderung abgehalten wird, handelt es sich mittelbar um einen Rücktrittsausschluss, der aber mit der Streichung der § 351 ff. a. F. beseitigt wurde. Indem § 346 Abs. 2 S. 2 ausnahmslos eine an dem Vertragspreis orientierte Wertorientierung verlangt, verstößt die Vorschrift gegen die hinsichtlich des Leistungsaustausches auf *restitutio in integrum* bezogene Grundfunktion des Rücktritts[70].

Aufgrund dieser Überlegung soll bei der Anwendung des § 346 Abs. 2 S. 2 ein differenzierender Maßstab zugrunde zu legen sein. Wie der Bundesrat in seiner Begründung klargestellt hat, ist die Entrichtung der Gegenleistung als Ansatz der Berechnung des Wertersatzes nur bei der Lieferung von mangelfreien Gegenständen die richtige Lösung[71]. Durch das Versprechen über Leistung und Gegenleistung hätten sie zum Ausdruck gebracht, dass sie beides als gleichwertig erachteten - das sog. subjektive Äquivalenzprinzip. Aus dieser Bewertung kann bei einem aus freien Stücken geschlossenen Vertrag davon ausgegangen werden, dass beide Parteien ihre Interessen angemessen zum Ausgleich gebracht haben und die Gegenleistung damit dem objektiven Wert weitgehend entspricht[72]. So hat etwa der Käufer, der die ursprünglich mangelfreie Kaufsache nicht mehr herausgeben kann, als Wertersatz den vollen Kaufpreis zu zahlen.

Tritt hingegen der Käufer wegen der Lieferung mangelhafter Sachen zurück und kann er die Sache nicht mehr oder nur noch in verschlechtertem Zustand zurückgeben, so ist die Berechnungsgrundlage des § 346 Abs. 2 S. 2 ungeeignet[73]. Zur Lösung dieses Problems haben sich verschiedene Meinungen gebildet. Einige wollen die vertraglich vereinbarte Gegenleistung zumindest beim gesetzlichen Rücktrittsrecht wegen Pflichtverletzung des Schuldners auf den objektiven Wert rekurrieren, um den Käufer, der eine mangelhafte Sache erhalten hat, nicht mit einem Gewinnanteil des Verkäufers zu belasten[74]. Aber diese Auffassung ist weder mit dem Gesetzeswortlaut noch mit dessen Ent-

---

[69] *Hager*, in: Ernst/Zimmermann, Schuldrechtsreform, S. 450; *Kohler*, WM 1993, 45, 54 f.; *Gaier*, WM 2002, 1, 4 f.; *Wolgast*, Rücktrittsfolgenrecht, S. 227 f.

[70] *Kohler*, WM 1993, 45, 54 f.; *ders.*, JZ 2002, 682, 689; vgl. *Wolgast*, Rücktrittsfolgenrecht, S. 231.

[71] AnwKom/*Hager*, § 346, Rn. 44 f.; BT-Drucks., 338/01, S. 41 zu Nr. 71.

[72] *Schwab*, in: Schwab /Witt, Rückabwicklung, S. 196 f.

[73] *Kohler*, WM 1993, 45, 54 f.; vgl. *Hager*, in: Ernst/Zimmermann, Schuldrechtsreform, S. 429, 451; *Kaiser*, in: Westermann, Schuldrecht, S. 191, 193.

[74] Palandt/*Grüneberg*, § 346, Rn. 10; vgl. Staudinger/*Kaiser*, § 346, Rn. 158.

stehungsgeschichte und Zweck zu vereinbaren[75]. Nach der überwiegenden Meinung muss in solchen Fällen die vertraglich vereinbarte Gegenleistung für die Berechnung des Wertersatzes entsprechend §§ 441 Abs. 3, 638 Abs. 3 um den Minderwert herabgesetzt werden[76]. Damit wollen sie folgerichtig von denselben Grundsätzen wie bei der Minderung ausgehen und die Proportion zwischen Restwert und Wertersatz gemessen am Verhältnis des Wertes und des Kaufpreises wahren. Entspricht der Wert der Sache in mangelfreiem Zustand dem vereinbarten Preis, so ist das wirtschaftliche Ergebnis von Rücktritt und Minderung zwangsläufig identisch[77].

III. Der Zeitpunkt der Wertbemessung

Auch der maßgebliche Zeitpunkt für die Bemessung des Wertersatzes ist in der Literatur heftig umstritten[78]. Vor allem sind die Reaktionen auf Wertveränderungen, die zwischen Erwerb und Untergang des zurückzugewährenden Gegenstands aufgetreten sind einerseits, und die Rechtfertigung der unterschiedlichen Behandlung zwischen § 346 Abs. 2 S. 1 Nr. 1 und § 346 Abs. 2 S. 1 Nr. 2 und 3 andererseits, besonders hinsichtlich des Zwecks und der Gefahrverteilung des Rücktrittsrechts problematisch.

Nach einer Ansicht ist der maßgebliche Zeitpunkt für die Wertbemessung darauf abzustellen, wann sich der auf die Rückgewähr der Leistung gerichtete Anspruch aus § 346 Abs. 1 in einen Wertersatzanspruch aus § 346 Abs. 2 umwandelt, also die gegenständliche Rückgewähr unmöglich wird. Denn die Wertersatzpflicht tritt als Surrogat an die Stelle der Rückgewähr der Leistung. Daher hat der Rückgewährschuldner Wertersatz in Höhe des objektiven Wertes im Zeitpunkt der Entstehung der Wertersatzpflicht zu leisten[79]. Bezüglich der

---

[75] Vgl. Staudinger/*Kaiser*, § 346, Rn. 158; MünchKom/*Gaier*, § 346, Rn. 47.

[76] Vgl. BT-Drucks., 14/6857, S. 22; *Arnold*, Jura 2002, 154, 157; *Canaris*, Schuldrechtsreform, Einl., XXXIX; AnwKom/*Hager*, § 346, Rn. 46; Bamberger/Roth/*Grothe*, § 346, Rn. 23; MünchKom/*Gaier*, § 346, Rn. 47; Erman/*Bezzenberger*, § 346, Rn. 11.

[77] *Lorenz*, Schuldrecht, Rn. 425; vgl. *Faust*, Schuldrechtsmodernisierung, § 10, Rn. 42; AnwKom/*Hager*, § 346, Rn. 46.

[78] Im Zeitpunkt des Leistungsaustauschs (h. M., BT-Drucks., 14/6040, S. 196; AnwKom/*Hager*, § 346, Rn. 51 ff.; Palandt/*Grüneberg*, § 346, Rn. 10; Bamberger/Roth /*Grothe*, § 346, Rn. 23; MünchKom/*Gaier*, § 346, Rn. 22; vgl. schon. *Leser*, Rücktritt, S. 169 f.), das Entstehen der Wertersatzpflicht (Staudinger/*Kaiser*, § 346, Rn. 161 f.) und der nach der Funktion zu unterscheidende Zeitpunkt (jurisPK/*Faust*, § 346, Rn. 70 f.).

[79] Vgl. *Larenz/Canaris*, Schuldrecht, § 72 III 5, S. 282 f.; Staudinger/*Kaiser*, § 346, Rn.

Wertveränderungen braucht der Rückgewährschuldner grundsätzlich bei gegenständlicher Rückgewähr den Preisverfall gem. § 346 Abs. 3 S. 1 Nr. 2 Alt. 2 nicht zu tragen. Das dürfte bei Untergang oder Verschlechterung und einer dadurch ausgelösten Wertersatzpflicht nicht anders sein[80]. Zum einen wäre die zurückzugewährende Sache vor Untergang oder Verschlechterung nämlich noch als solche an den Gläubiger herauszugeben, so dass diesen alle bis dahin eingetretenen Wertschwankungen betrafen. Zum anderen stellt der Wertersatzanspruch das Äquivalent für den Primäranspruch dar. Daher ist die vereinbarte Gegenleistung als Grundlage des Wertersatzes den Preissteigerungen bzw. -senkungen entsprechend anzupassen.

Nach anderer Ansicht ist der für die Bemessung des Wertersatzes relevante Zeitpunkt nach jeweils unterschiedlichen Funktionen zwischen § 346 Abs. 2 S. 1 Nr. 1 und § 346 Abs. 2 S. 1 Nr. 2, 3 zu differenzieren[81]. Im Fall der Wertersatzpflicht wegen der Rückgewährunmöglichkeit aus § 346 Abs. 2 S. 1 Nr. 1 kommt die Rückgabe in Natur von vornherein nicht in Frage. Nachträgliche Wertveränderungen lassen das Vermögen der Parteien unberührt, daher kommt es in diesem Fall auf den Zeitpunkt der Erbringung der zurückzugewährenden Leistung an. Hingegen hätte im Fall der Wertersatzpflicht wegen Veränderungen aus § 346 Abs. 2 S. 1 Nr. 2, 3 der Rückgewährgläubiger ohne den zum Wertersatz verpflichtenden Umstand die Leistung nach Erklärung des Rücktritts in Natur zurückerhalten. Also hätten ihn Wertveränderungen bis zur Erklärung des Rücktritts getroffen, daher ist der Zeitpunkt der Erklärung des Rücktritts in den Fällen von § 346 Abs. 2 S. 1 Nr. 2, 3 maßgebend[82].

Nach überwiegender Ansicht wird für die Bemessung des Wertersatzes maßgebend auf den Zeitpunkt abgestellt, zu dem der Rückgewährgläubiger seine Leistung an den Rückgewährschuldner erbrachte, also zum Zeitpunkt der Leistung[83]. Auch nach der früheren Rechtsprechung ist der Zeitpunkt der Leistung

---

161 f.

80 *Larenz/Canaris*, Schuldrecht, § 72 III 5, S. 282 f.; Staudinger/*Kaiser*, § 346, Rn. 161 f.

81 jurisPK/*Faust*, § 346, Rn. 70 f.; vgl. *Larenz/Canaris*, Schuldrecht, § 72 III 5 b, S. 283 f.

82 jurisPK/*Faust*, § 346, Rn. 71, 77; *Larenz/Canaris*, Schuldrecht, § 72 III 5 b, S. 282 f.; MünchKom/*Gaier*, § 346, Rn. 22: *Faust* ist der Meinung, die vereinbarte Gegenleistung an die Entwicklung des objektiven Werts zwischen dem Zeitpunkt des Vertragsschlusses und dem relevanten Zeitpunkt anzupassen.

83 BT-Drucks., 14/6040, S. 196; AnwKom/*Hager*, § 346, Rn. 45; Palandt/*Grüneberg*, § 346, Rn. 10; Bamberger/Roth/*Grothe*, § 346, Rn. 23; MünchKom/*Gaier*, § 346, Rn. 22;

als Maßstab für die Berechnung des Wertersatzes anerkannt[84]. Schon in der Literatur hat *Leser* § 346 S. 2 a. F. als die für den Rücktritt spezifische und eigenständige Inhaltsbestimmung angesehen und die Rückgewähransprüche auf die in ihrem Wert im Zeitpunkt der Hingabe fixierten Leistungen gerichtet[85]. Auch nach heutiger h. M. soll § 346 Abs. 2 S. 2 durch das Behalten des primären Vertragsverhältnisses die Wahrung des subjektiven Äquivalenzprinzips und der Privatautonomie gewährleisten[86].

D. Verhältnis zum Bereicherungsherausgabe- und Schadensersatzanspruch

I. Verhältnis zur Herausgabe der Bereicherung

Nach § 346 Abs. 3 S. 2 muss der Rückgewährschuldner die verbleibende Bereicherung als subsidiäre Pflicht herausgeben, wenn er nach § 346 Abs. 3 S. 1 nicht zum Wertersatz verpflichtet ist. Trotz Untergangs und Verschlechterung der Sache muss der Rückgewährschuldner auch Nutzungen nach § 346 Abs. 1 herausgeben bzw. für diese Wertersatz nach § 346 Abs. 2 leisten. In diesem Zusammenhang bedeutet § 346 Abs. 2 S. 2, dass eine Wertersatzpflicht bei einem Rücktritt stets im Rahmen der bestehenden Bereicherung begründet ist[87]. Aus diesem Hindergrund ist der Anwendungsbereich des § 346 Abs. 3 S. 2 äußerst gering. In der Praxis kommt § 346 Abs. 3 S. 2 meistens nur dann in Betracht, wenn der Rückgewährschuldner anstelle des Leistungsgegenstandes ein *stellvertretendes commodum* erlangt hat[88].

Nach überwiegenden Auffassungen ist diese Regelung als eine Rechtsfolgenverweisung auf §§ 812 ff., und damit auch als eine Verweisung auf die verschärfte Haftung der §§ 818, 819 anzusehen[89]. Nach den §§ 818, 819 ist beim

---

vgl. *Leser*, Rücktritt, S. 169 f.

84 Kammergericht v. 29. 4. 1920, OLG Rspr. 40, 289; RGZ 108, 279, 281 (1924); RG v. 3. 1/ 11. 2. 1925, JR 1925 Nr. 770; OLG Düsseldorf v. 19. 10. 1923, JW 1923, 1046; BGHZ 16, 153 (1955).

85 Ausführlich *Leser*, Rücktritt, S. 169 f.

86 *Canaris*, Schuldrechtsreform, Einl., XXXIX.

87 *Kohler*, JZ 2002, 682, 684 f.

88 Staudinger/*Kaiser*, § 346, Rn. 192; *Schwab*, in: Schwab/Witt, Rückabwicklung, S. 204.

89 Vgl. BT-Drucks., 14/6040, S. 196; jurisPK/*Faust*, § 346, Rn. 84; MünchKom/*Gaier*,

Rücktrittsrecht fraglich, ab wann der Rückgewährschuldner nach den allgemeinen Regeln haftet, ab der Kenntnis des Rücktrittsgrundes oder ab der Erklärung des Rücktritts. Aber diese Frage ist praktisch irrelevant, da der Rückgewährschuldner ohnehin schon ab demjenigen Zeitpunkt, in dem er das Bestehen des Rücktrittsrechts kennen müsste, der allgemeinen Schadensersatzhaftung unterliegt[90].

II. Verhältnis zum Schadensersatzanspruch

Nach §§ 325, 326 a. F. war die Kombination von Rücktritt und Schadensersatz ausgeschlossen. Dies führte dazu, dass der Gläubiger grundsätzlich nicht die eigene Leistung zurückverlangen und Schadensersatz in Höhe der Differenz verlangen konnte (sog. *Differenztheorie*), sondern dem Schuldner die eigene Leistung belassen und Schadensersatz in voller Höhe verlangen musste (sog. *Surrogationstheorie*). Wollte der Gläubiger hingegen seine eigene Leistung zurückerhalten, so musste er unter Verzicht auf Schadensersatz den Rücktritt wählen[91]. Nach § 325 kann nun der Gläubiger aufgrund des erklärten Rücktritts die eigene Leistung zurückfordern und anschließend Schadensersatz nach der Differenztheorie verlangen. Hinsichtlich des vom Schuldner zu ersetzenden Umfangbereichs bleibt die verschuldensunabhängige Wertersatzpflicht hinter der Schadensersatzpflicht zurück[92]. Während nach § 346 Abs. 2 der Rückgewährschuldner nur einen Ausgleich für den geminderten oder verloren gegangenen Sachwert zu leisten hat, muss nach den §§ 346 Abs. 4, 280 ff. der Rückgewährschuldner sonstige Folgeschäden, wie etwa Nutzungsausfall oder entgangenen Gewinn, ersetzen[93].

---

§ 346, Rn. 60; krit. AnwKom/*Hager*, § 346, Rn. 65.

90 MünchKom/*Gaier*, § 346, Rn. 60; jurisPK/*Faust*, § 346, Rn. 85; vgl. unten Kap. 6, B.

91 *Lorenz*, in: Schulze/Schulte-Nölke, Schuldrechtsreform, S. 338 f.; *ders.*, JZ 2001, 742, 744; *Huber*, in: Gutachten und Vorschläge, S. 713 f.; *Canaris*, Schuldrechtsreform, Einl., XIX; *Kohler*, WM 1993, 45, 54 f.; vgl. *Kaiser*, NJW 2001, 2425, 2431.

92 Staudinger/*Kaiser*, § 346, Rn. 210.

93 *Arnold*, Jura 2002, 154, 158; *Schwab*, in: Schwab/Witt, Rückabwicklung, S. 205 f.; *ders.*, JuS 2002, 630, 636; vgl. unten Kap. 6, A.

E. Zwischenergebnis

Der Wertersatzanspruch als Kernstück der Reform ist an die Stelle der §§ 350 ff. a. F. getreten, die seit jeher rechtspolitisch heftig umstritten waren und auch *de lege lata* zu zahlreichen Kontroversen Anlass gegeben hatten. Durch die Übertragung des Modells der „Rückabwicklung dem Werte nach" auf das Rücktrittsrecht sind die vielen Streitfragen um die Auslegung und Anwendung der §§ 350 ff. a. F. aufgelöst und die Rechtsanwendung dem Bestreben des Gesetzgebers nach deutlich vereinfacht worden. Vor allem ist der Rücktritt gegen Wertersatz bezüglich der Interessen der Vertragspartner besser geregelt als die Bestimmungen der §§ 350 ff. a. F. Denn zum einen ist das im Schrifttum immer wieder als ungerecht und systemwidrig kritisierte Zurückspringen der Gefahr auf den Rücktrittsgegner und zum anderen die Rücktrittssperre beim Rückgewährschuldverhältnis dadurch grundsätzlich entfallen[94].

Hinsichtlich der Rückgabe- oder Beseitigungspflicht wird die Regelung des § 346 Abs. 2 an keine darüber hinausgehenden Voraussetzungen geknüpft. Aber nach der Zwecksetzung des Gesetzgebers tritt die Wertersatzpflicht als Sekundärpflicht erst dann ein, wenn die Wiederherstellung der vorvertraglichen Rechtslage endgültig ausgeschlossen ist. Die Rückgewährpflicht der primären Leistungen nach § 346 Abs. 1 soll vorrangig gewährt werden. Ferner sollen auch die Tatbestandsmerkmale der Veräußerung und Belastung unter Berücksichtigung der Unmöglichkeitsregeln des § 275 einschränkend ausgelegt werden. Daraus ergibt sich, dass der Rückgewährschuldner nach wie vor primär dazu verpflichtet ist, den erhaltenden Leistungsgegenstand in Natur an den Rückgewährgläubiger zurückzugeben. Erst wenn ihm die Sachrückgabe nach § 275 Abs. 1 und 2 endgültig unmöglich ist, kann er seiner Restitutionspflicht im Wege des Wertersatzes nachkommen[95].

Bezüglich der Gefahrtragung bei Verschlechterung oder Untergang der Sachleistung hat sich der Reformgesetzgeber grundsätzlich dafür entschieden, den Rückgewährschuldner mit der Sachgefahr zu belasten, da er als Sachherrschaftsinhaber der Schadensquelle regelmäßig näher steht als sein Vertragspartner. Aber nach § 346 Abs. 2 S. 1 Nr. 3 Hs. 2 braucht der Rückgewährschuldner für die durch die bestimmungsgemäße Ingebrauchnahme entstandene Wertminderung keinen Ersatz zu leisten. Der Ausschlusstatbestand „bestimmungsgemäß" ist grundsätzlich durch den Vertragsinhalt, wenn darin nicht

---

[94] Oben A.

[95] Oben B II.

geregelt, ergänzend durch die Verkehrsauffassung festgelegt. Vor allem beinhaltet diese Regelung erstens, in Bezug auf die reguläre Abnutzung ein Verbot der Bereicherung durch doppelte Kompensation und zweitens, ein echtes Haftungsprivileg für außerordentliche Werteinbußen. Die Anwendbarkeit auf den bestimmungsgemäßen „Gebrauch" widerspricht dem deutlichen Wortlaut des § 346 Abs. 2 S. 1 Nr. 3 Hs. 2 und dem Regelungssystem der §§ 346 Abs. 2, 347 Abs. 1. Da der Rechtsausschuss den expliziten Ausdruck „durch den bestimmungsgemäßen Gebrauch" gestrichen hatte, um Zweifel an der Methode der Wertberechnung zu vermeiden und weil die daraus entstandenen Gebrauchsvorteile zu den Nutzungen gehören, sind sie nicht nach § 346 Abs. 2 S. 1 Nr. 3 Hs. 2, sondern nach § 346 Abs. 1 zu ersetzen. Nach § 357 Abs. 3 S. 1 hat der Verbraucher abweichend vom Grundsatz des § 346 Abs. 2 S. 1 Nr. 3 unter bestimmten Voraussetzungen den durch die bestimmungsgemäße Ingebrauchnahme entstandenen Wertverlust zu ersetzen. Im Vergleich mit dem alten Recht ist zwar die Rechtsstellung des Verbrauchers verschlechtert, aber im Hinblick auf die Gefahrverteilung zwischen dem Unternehmer, der ordnungsgemäß geleistet hat, und dem Verbraucher, und den Zwang für den Unternehmer, eine vom Verbraucher gebrauchte Sache zurückzunehmen, ist § 357 Abs. 3 S. 1 als gerechtfertigt anzusehen[96].

Nach § 346 Abs. 2 S. 2 ist bei Berechnung des Wertersatzes nicht der objektive Sachwert, sondern die vertraglich vereinbarte Gegenleistung zugrunde zu legen, da dadurch die Wahrung des subjektiven Äquivalenzprinzips zwischen den Vertragsparteien und auch der Privatautonomie gewährleistet werden soll. Aber bei einer mangelhaften Sachleistung ist dieser Grundsatz ganz offensichtlich verfehlt. Denn infolge der Zerstörung des vertraglichen Äquivalenzverhältnisses ist die volle vereinbarte Gegenleistung keine richtige Größe für die Rückabwicklung. In solchen Fällen ist der Maßstab des § 346 Abs. 2 S. 2 gemäß dem Ziel des Rücktritts teleologisch zu reduzieren und infolgedessen muss die Wertersatzpflicht des Rückgewährschuldners um den Minderwert herabgesetzt werden. Hinsichtlich des für die Bemessung des Wertersatzes relevanten Zeitpunkts ist die Auffassung von *Faust* insbesondere im Hinblick auf die angemessene Risikoverteilung nach jeweiligen Funktionen zwischen § 346 Abs. 2 S. 1 Nr. 1 und Nr. 2, 3 als überzeugend anzusehen[97].

---

[96] Oben B III.
[97] Oben C.

Kapitel 3. Gefahrverteilung und Haftung beim Rücktritt

A. Rechtsgrundlage der Gefahrverteilung und Haftung

Der Zielsetzung des Rücktritts zufolge haben die Parteien nach der Rücktrittserklärung einander die empfangenen Leistungen zurückzugewähren. Die daraus folgenden Interessen der Vertragspartner, den von ihm gelieferten Gegenstand möglichst unverändert zurückzuerhalten, können aber gefährdet werden, wenn die voneinander geleisteten Gegenstände vor oder nach der Rücktrittserklärung untergegangen oder verschlechtert worden sind, ferner auch dann, wenn der Rückgewährschuldner die erhaltene Sache verarbeitet, umgebildet, belastet oder weiterveräußert hat. Denn in solchen Fällen ist die unveränderte Restitution dem Rückgewährschuldner unzumutbar. Daher stellt sich hier die Frage, welche der beiden Vertragsparteien für diese Unmöglichkeit haftet. Zwar ist die Wertersatzpflicht des Rückgewährschuldners nach der reformierten Regelung an die Stelle der bisherigen Ausschlusslösung in den §§ 350 ff. a. F. getreten, aber in Fällen, in denen keine Partei zum Untergang oder zur Verschlechterung des Gegenstandes beigetragen hat, d. h. der Umstand also für beide Parteien zufällig ist, ist die Gefahrverteilung bei Ausübung eines Rücktrittsrechts letztendlich eine reine Wertentscheidung[98].

B. Gefahrverteilung und Haftung beim Rücktritt nach BGB a. F.

I. Grundzüge nach BGB a. F.

Das BGB a. F. enthielt eine sehr umstrittene Regelung im Bereich der Risikoverteilung, die vom Ausschluss des Rücktritts bis zur Herausgabe des Empfangenen ging, ohne die eigene Leistung zurückzuerlangen. Vor allem wurde der Rücktrittsberechtigte nach § 350 a. F. bei zufälligem Sachuntergang von seiner Rückgabepflicht frei, konnte seine eigene Leistung aber gem. § 346 S. 1 a. F. in vollem Umfang zurückfordern. Hier wurde das *Synallagma* des

---

[98] *Huber*, in: Gutachten und Vorschläge, S. 692: Daher ist die Gefahrverteilung in der Literatur als „die dornenvollste Frage des Vertragsrechts" oder „Zentralpunkt jedes Leistungsstörungsrechts" angesehen.

gegenseitigen Vertrags insoweit aufgebrochen[99]. Auch im Vergleich zu § 446 a. F., wonach die Gefahr des zufälligen Unterganges mit Übergabe der verkauften Sache auf den Käufer überging, gab es keinen überzeugenden Sachgrund dafür, den Gefahrübergang im Falle des Rücktritts oder der Wandelung rückgängig zu machen[100].

II. Gefahrverteilung beim zufälligen Untergang der zu restituierenden Sache nach § 350 a. F.

1. Gefahrverteilung nach § 350 a. F.

Nach § 350 a. F. blieb ein Rücktrittsberechtigter zum Rücktritt und zur Wandelung berechtigt, auch wenn der erhaltene Gegenstand bei ihm zufällig untergegangen war. Der Berechtigte erhielt dann gem. § 346 S. 1 a. F. den von ihm geleisteten Gegenstand zurück, war selbst aber weder zur Rückgewähr noch mangels Verschuldens zum Schadensersatz nach §§ 347 S. 1 a. F., 989 verpflichtet[101]. Vom Begriff des Zufalls wurden nicht nur Naturkatastrophen erfasst, vielmehr war der Untergang nach der Terminologie des Gesetzes dann zufällig, wenn er nicht auf ein Verschulden des Rücktrittsberechtigten gem. § 276 a. F. bzw. des Erfüllungshilfen gem. § 278 a. F. beruhte. Der sich daraus ergebende Verschuldensbegriff korrespondierte mit § 351 a. F.; je weiter der Anwendungsbereich des § 351 a. F. ausgedehnt wurde, umso enger wurde der des § 350 a. F. und umgekehrt[102].

§ 350 a. F. galt seinem Wortlaut nach für alle Fälle des § 351 a. F., also auch für die anderweitige Herausgabeunmöglichkeit und die Verschlechterung der Leistung. Damit wich die Regelung des § 350 a. F. von den Gefahrtragungsregeln im gegenseitigen Vertrag, nämlich von §§ 275, 323 und 446 a. F. und von der bereicherungsrechtlichen Saldotheorie ab und führte dadurch zu unbilligen

---

99 *Wolf*, AcP 153, 97, 142; *Wieling*, JuS 1973, 397, 398 f.

100 Diskussionsentwurf, S. 414; vgl. *Motsch*, JZ 2001, 428, 433; *Grunewald*, Kaufrecht, S. 125 f.; *Weitnauer*, JA 1978, 481, 484; *Brox*, JuS 1975, 1, 3.

101 *Leser*, Rücktritt, 1975, S. 49 ff.: Die Regelung der § 350 a. F. beruhe seine historische Wurzel auf dem für die Wandelung von Kaufverträgen geltenden römischen und gemeinschaftlichen Grundsatz „*mortuus redhibetur*“.

102 *Larenz*, Schuldrecht, § 26 b), S. 406.

Ergebnissen[103]. Diese Vorschrift stimmte auch nicht mit der in Art. 82 Abs. 1 UN-Kaufrecht getroffenen Regelung überein[104]. Daher wurde in der Literatur überwiegend angenommen, dass diese Vorschrift von zweifelhaftem Wert, rechtspolitisch verfehlt, fragwürdig oder zumindest nicht unbedenklich sei[105].

2. Meinungsstand in der Literatur

Um diese unbilligen Rechtsfolgen des § 350 a. F. zu beseitigen, versuchten Kritiker zum einen, dessen Anwendungsbereich durch eine restriktive Auslegung zu beschränken, zum anderen, im Rückgewährschuldverhältnis § 323 a. F. analog anzuwenden[106].

Schwenn wollte den Anwendungsbereich des § 350 a. F. auf solche Fälle beschränken, in denen die untergegangene Sache auch beim Rücktrittsgegner untergegangen wäre. Nur eine solche Auslegung werde dem gesetzgeberischen Motiv gerecht und entspreche dem Vorbild des römischen Rechts[107]. Auch *Honsell* sprach sich für eine teleologische Reduktion des § 350 a. F. aus. Bezogen auf die Wandelung war er der Meinung, dass ein Rücktritt trotz Sachuntergangs nur dann möglich sein sollte, wenn der Untergang eine Folge des Sachmangels sei. In den übrigen Fällen, in denen die Sache auch bei ordentlicher Leistung untergegangen wäre, bleibe es bei der Regelung der §§ 323, 446

---

[103] *Schwenn*, AcP 152, 138, 141 ff.; *Wolf*, AcP 153, 97, 140 ff.; *v. Caemmerer*, in: FS Larenz, S. 627 ff.; *Leser*, Rücktritt, 1975, S. 190 ff.; Soergel/*Hadding*, § 350, Rn. 1; Staudinger/*Kaiser*, 2001, § 350, Rn. 8.

[104] Vgl. Art. 82 Abs. 1 UN-Kaufrecht: „Der Käufer verliert das Recht, die Aufhebung des Vertrages zu erklären oder vom Verkäufer Ersatzlieferung zu verlangen, wenn es ihm unmöglich ist, die Ware im wesentlichen in dem Zustand zurückzugeben, in dem er sie erhalten hat." ; CISG/*Hornung*, Art. 82, Rn. 6 f.

[105] *Huber*, in: Gutachten und Vorschläge, S. 693 ff.; *Esser/Schmidt*, Schuldrecht, Teil-Bd. II, § 28, III, 4 b; *Larenz*, Schuldrecht, § 26 b) 1, S. 408; *Leser*, Rücktritt, S. 192 ff.; *Wolf*, AcP 153, 97, 140 ff.; *Wieling*, JuS 1973, 397, 398 ff.; *Emmerich*, Leistungsstörungen, S. 110; *Schwenn*, AcP 152, 138, 141; *v. Caemmerer*, in: FS Larenz, S. 621, 625; *Sickinger*, Gefahrtragung, S. 2; a. A. *Glaß*, Rücktritt, S. 28; *Flume*, NJW 1970, 1161, 1164; *Flessner*, NJW 1972, 1777, 1781; Staudinger/*Kaiser*, 2001, § 350, Rn. 12; MünchKom/*Janßen*, 2001, § 350, Rn. 5.

[106] Vgl. MünchKom/*Janßen*, 2001, § 350, Rn. 6, 7; Staudinger/*Kaiser*, 2001, § 350, Rn. 9.

[107] *Schwenn*, AcP 152, 138, 151 f.

a. F.[108]. Zur Begründung dieser Gesetzeseinschränkung berief sich *Honsell* wie schon *Schwenn* auf das römische Recht. Aber beide Auffassungen konnten sich weder auf den Wortlaut des Gesetzes noch auf die Gesetzgebungsmaterialien stützen, weshalb sie von den Gesetzesverfassern ausdrücklich verworfen wurden[109].

Dagegen wollten *Wolf* und *Leser* die Regelung des § 350 a. F. dadurch umkehren, indem sie § 323 a. F. analog anwendeten. Damit verlor der Rücktrittsberechtigte, dem die Rückgewähr des Empfangenen unmöglich war, den Anspruch auf Rückforderung der eigenen Leistung. Für diese Überlegungen war vor allem von der Rechtsnatur des Rückgewährschuldverhältnisses auszugehen. Dieser Ansicht nach entsprachen die Leistungspflichten nach § 346 a. F. einem gegenseitigen Vertrag, da es sich bei dem Rückgewährschuldverhältnis um das ursprüngliche, vertraglich vereinbarte Schuldverhältnis handelte, das durch den Rücktritt lediglich umgewandelt wurde. Damit war § 323 a. F. unmittelbar anwendbar[110]. Aber diese Überlegungen wurden von der h. L. abgelehnt. Denn das Rückgewährschuldverhältnis sei zwar ein vertragliches, aber kein gegenseitiges Schuldverhältnis. Es fehle an einer synallagmatischen Verknüpfung der beiderseitigen Rückgewährpflichten[111]. Auch nach dem deutlichen Wortlaut des § 348 a. F. war die analoge Anwendung des § 323 a. F. zu verneinen[112].

Entgegen der häufigen Kritik wurde § 350 a. F. von einigen Autoren als eine mit den Gefahrtragungsregeln der §§ 323 Abs. 1, 446 a. F. entsprechende Regelung angesehen[113]. Deren Ansicht nach war es richtig, dass die mit der Übergabe der Kaufsache gem. § 446 Abs. 1 S. 1 a. F. auf den Käufer überge-

---

108 *Honsell*, MDR 1970, 717, 719.

109 *Sickinger*, Gefahrtragung, S. 146 f.; *Herold*, Rückabwicklungsschuldverhältnis, S. 77 f.: In den Beratungen der zweiten Kommission wurde ein entsprechender Antrag wegen der Schwierigkeiten zu entscheiden, ob das den Untergang der Sache bewirkende Ereignis auch beim Gegner eingetreten wäre, abgelehnt.

110 *Wolf*, AcP 153, 97, 142 f.; *Leser*, Rücktritt, 1975, 39, 215 f.

111 *Leser*, Rücktritt, S. 150 f.; *Herold*, Rückabwicklungsschuldverhältnis, S. 77; *Sickinger*, Gefahrtragung, S. 148; Palandt/*Heinrichs*, 2001, § 348, Rn. 1, § 350, Rn. 1; Jaurnig/ *Vollkommer*, 1999, § 348, Rn. 1; Soergel/*Hadding*, § 347, Rn. 2.

112 *Nierwetberg*, JuS 1984, 33, 37; *Glaß*, Rücktritt, S. 21 f.; *Herold*, Rückabwicklungsschuldverhältnis, S. 105 f.

113 *Flume*, NJW 1970, 1161, 1164 f.; *Flessner*, NJW 1972, 1777, 1780 f.; *Kohler*, Rückabwicklung, S. 356 ff.; vgl. Soergel/*Hadding*, § 350, Rn. 1; Staudinger/ *Kaiser*, 2001, § 350, Rn. 12.

gangene Gefahr mit Erklärung des Rücktritts wieder auf den Verkäufer zurücksprang. Denn der Leistungsgegenstand werde ab diesem Zeitpunkt nicht mehr dem Käufervermögen, sondern dem Vermögen des Verkäufers zugeordnet und infolgedessen verpflichte sich der Verkäufer nach §§ 437 S. 2 a. F., 994 Abs. 2 die notwendigen Verwendungen auf die Kaufsache zu tragen. Ferner treffe die Gefahrtragungsregel des § 350 a. F. den Rücktritts- oder Wandelungsgegner nicht zu hart[114]. Zunächst wurde so die strikte Alles-oder-Nichts-Lösung der §§ 350, 351 a. F. durch die Beweislastverteilung gemildert. Denn der Rücktritts- oder Wandelungsgegner trug zwar das Zufallsrisiko, aber der Berechtigte hatte nach § 282 a. F. das Risiko der Unaufklärbarkeit der Schadensursache zu tragen[115]. Zudem waren die §§ 350, 351 a. F. abdingbar; d. h. die Parteien konnten vereinbaren, dass auch der zufällige Untergang der Sache den Rücktritt ausschließen oder dass der Berechtigte bei Untergang oder Verschlechterung der Sache nur gegen Wertersatz zurücktreten konnte[116]. Letztlich blieb dem Rücktrittsgegner der Anspruch auf das *stellvertretende commodum* gem. § 281 a. F., etwa die Abtretung eines Ersatzanspruchs gegen den dritten Schädiger oder die Herausgabe einer möglichen Versicherungsleistung[117].

Zwar akzeptierte man die Gefahrtragungsregel des § 350 a. F., aber Rücktritt und Wandelung waren durch den Untergang bzw. die Verschlechterung des Leistungsgegenstandes schließlich in folgenden Fällen nicht ausgeschlossen[118]: Zum einen, wenn der Untergang oder die Verschlechterung auf echten Zufall i. S. des § 350 a. F. zurückzuführen war[119], zum anderen, wenn die empfangene Leistung aufgrund eines Sachmangels bei der Wandelung oder einer vom Rücktritts- oder Wandelungsgegner zu vertretenden Handlungen untergegangen oder verschlechtert wurde[120].

---

[114] Palandt/*Heinrichs*, 2001, § 350, Rn. 3; Staudinger/*Otto*, 2001, § 327, Rn. 10; MünchKom/*Janßen*, 2001, § 350, Rn. 5; Staudinger/*Kaiser*, 2001, § 350, Rn. 12 f.

[115] Soergel/*Huber*, 1991, § 467, Rn. 12.

[116] Staudinger/*Kaiser*, 2001, § 350, Rn. 13.

[117] Vgl. *Sickinger*, Gefahrtragung, S. 151; *Glaß*, Rücktritt, S. 22; Staudinger/*Kaiser*, 2001, § 350, Rn. 13.

[118] *Hager*, in: Ernst/Zimmermann, Schuldrechtsreform, S. 438; *Kaiser*, Rückabwicklung, S. 266 f.; vgl. § 346 Abs. 3 S. 1 Nr. 1, 2.

[119] *Honsell*, MDR 1970, 717, 719; *v. Caemmerer*, in: FS Larenz, S. 621, 628; *Wieling*, JuS 1973, 397, 399.

[120] *Wieling*, JuS 1973, 397, 399; *Leser*, Rücktritt, 1975, S. 50; *Larenz*, Schuldrecht, § 26 b) 1, S. 410.

3. Unterschiedliche Behandlung nach vertraglichem und gesetzlichem Rücktritt

Nach § 350 a. F. wurde der Rücktritt zwar durch einen zufälligen Sachuntergang nicht ausgeschlossen, aber der gesetzliche und der vertragliche Rücktritt waren nach dem Standpunkt der wesentlichen Unterscheidung der beiden Rücktrittsfälle hinsichtlich der Gefahrtragung im Ergebnis unterschiedlich zu behandeln.

Beim gesetzlichen Rücktritt und insbesondere bei der Wandelung, war es aufgrund der erhöhten Schutzbedürftigkeit des Käufers sachgerecht, abweichend vom Traditionsprinzip dem Verkäufer die Gefahr des Sachuntergangs aufzuerlegen. Denn dieser in § 446 a. F. vorgeschriebene Grundsatz war nur dann gültig, wenn die Sache frei von Rechts- oder Sachmängeln übergeben wurde[121]. Daher wurde dem Käufer die Möglichkeit gegeben, nach einem zufälligen Untergang der Sache, den wegen der mangelhaften Sachleistung zu Unrecht bezahlten Kaufpreis zurückzuerlangen.

Beim vertraglichen Rücktritt war die Situation anders. Hier kannte der Käufer im Gegensatz zur Wandelung alle Umstände. Der Käufer wurde weder hinsichtlich des Zustandes der Sache noch sonstiger Umstände in irgendeiner Weise getäuscht oder enttäuscht, so dass es damit auch nicht erforderlich war, ihn so zu stellen, als ob er die Sache und damit deren Gefahr nie übernommen hätte[122]. Deshalb bestand diese besondere Schutzbedürftigkeit des Käufers beim vertraglichen Rücktritt nicht, so dass hier entsprechend dem Traditionsprinzip nicht der Verkäufer, sondern der Käufer das Risiko eines Sachuntergangs tragen musste.

4. Untergang der Sache vor oder nach der Rücktrittserklärung

Die Regelung des § 350 a. F. war nur auf den Sachuntergang vor der Rücktrittserklärung anzuwenden. Für die Konstellation des Sachuntergangs nach der Rücktrittserklärung hatten die §§ 346 ff. a. F. keine ausdrückliche Regelung.

---

[121] *Glaß*, Rücktritt, S. 28, 29: Das Traditionsprinzip soll nur dem vertragstreuen Verkäufer einen Vorteil bringen. Daher kann mangelhafte Vertragserfüllung nie den Gefahrübergang herbeiführen, so dass der Käufer auch nach dem Untergang der Sache zum Rücktritt berechtigt bleiben muss.

[122] *Sickinger*, Gefahrtragung, S. 157, 163.

Daher finden hier ebenfalls die allgemeinen Vorschriften über die Haftung im Schuldverhältnis Anwendung[123]. Beim gesetzlichen Rücktritt und bei der Wandelung war § 323 a. F. nicht anwendbar, so dass lediglich die Verpflichtung des Käufers zur Rückgabe der Sache gem. § 275 a. F. erlosch, aber der Anspruch auf Rückzahlung des Kaufpreises jedoch bestehen blieb[124]. Dagegen verlor beim vertraglichen Rücktritt der Rücktrittsberechtigte gem. 323 a. F. seinerseits den Anspruch auf Rückzahlung des Kaufpreises[125].

III. Der verschuldete Sachuntergang und die verschuldete Sachverschlechterung nach § 351 a. F.

1. Der Ausschluss des Rücktritts nach § 351 a. F.

§ 351 a. F. schloss den Rücktritt aus, wenn der Berechtigte eine wesentliche Verschlechterung, den Untergang oder die anderweitige Unmöglichkeit der Herausgabe des empfangenen Gegenstandes bzw. eines erheblichen Teils verschuldet hatte. Daher stellte die Regelung des § 351 a. F. eine Ergänzung zu § 350 a. F. dar[126].

2. Verschuldensbegriff i. S. d. § 351 a. F.

Verschulden i. S. v. § 276 a. F. setzte bei Fahrlässigkeit eine Sorgfaltspflichtverletzung voraus, die in vorhersehbarer und vermeidbarer Weise zur Leistungsstörung geführt hatte. Da es keine allgemeine Sorgfaltspflicht des Eigentümer gibt, mit seiner eigenen Sache sorgfältig umzugehen, kann eine derartige Verpflichtung erst dann in Betracht kommen, in welchem der Eigentümer damit rechnen muss, die Sache seinem Vertragspartner zurückgeben zu müssen, also

---

[123] *Larenz*, Schuldrecht, § 26 b) 3 f., S. 413 f.

[124] Vgl. oben B II 2; *Leser*, Rücktritt, S. 213; *Larenz*, Schuldrecht, § 26 b) 3 f., S. 413 f.; *Sickinger*, Gefahrtragung, S. 162 f.

[125] Vgl. *Larenz*, Schuldrecht, § 26 b) 3 f, S. 414: Bei einem Sachuntergang nach Rücktrittserklärung bejahte *Larenz* eine entsprechende Anwendung von § 323 a. F., allerdings sowohl für den vertraglichen als auch für den gesetzlichen Rücktritt.

[126] *Herold*, Rückabwicklungsschuldverhältnis, S. 73 f.; *Sickinger*, Gefahrtragung, S. 178: Der Begriff des Zufalls korrespondiert mit § 351 a. F.

ab Kenntnis des Rücktrittsgrundes[127]. Solange er jedoch von der fehlenden Berechtigung keine Kenntnis haben kann, trifft ihn ebenfalls nicht der für die Annahme von echtem Verschulden erforderliche innere Sorgfaltspflichtverstoß[128].

Beim vertraglich vorbehaltenen Rücktrittsrecht war das weniger problematisch. Die h. M. ging einig davon aus, dass der eine Pflichtverletzung voraussetzende Verschuldensbegriff des § 276 a. F. - echtes oder technisches Verschulden - auf das vertragliche Rücktrittsrecht passte; Da beide Vertragspartner wegen des Rücktrittsvorbehalts vom Empfang der Sache an mit dem Rücktritt und damit auch mit der Rückgewährpflicht aus § 346 S. 1 a. F. rechnen mussten, waren sie von Anfang an verpflichtet, mit dem empfangenen Gegenstand sorgsam umzugehen. Deshalb hafteten sie gem. § 276 a. F. vom Empfang der Leistung an für jede vorsätzliche und fahrlässige Verschlechterung der zurückzugewährenden Sache[129].

Dagegen ließ sich beim gesetzlichen Rücktrittsrecht weder eine Obliegenheit noch eine Verpflichtung konstruieren, auf eine mögliche künftige Rückgabe der Sache im Interesse des Rücktrittsgegners Rücksicht zu nehmen, solange der Berechtigte den Rücktrittsgrund nicht kennt oder lediglich kennen müsste[130].

Daher war zunächst problematisch, inwieweit die Bejahung des Verschuldens die Feststellung eines rechtswidrigen oder zumindest wertwidrigen Verhal-

---

127 *Nierwetberg*, JuS 1984, 33, 34; *Herold*, Rückabwickungsschuldverhältnis, S. 99 f.; *Larenz*, Schuldrecht, § 26 b) 2 f., S. 412 f.; Staudinger/*Kaiser*, 2001, § 351, Rn. 21; *Huber*, JZ 1974, 433, 439: Aus diesem Grund sei der Verschuldensbegriff in § 351 a. F. als hypothetisches Verschulden anzusehen.

128 *Wieling*, JuS 1973, 397, 399; *Herold*, Rückabwicklungsschuldverhältnis, S. 99; BGH, NJW 1972, 155; BGH, NJW 1984, 1525, 1526; Palandt/*Heinrichs*, 2001, § 351, Rn. 1; MünchKom/*Janßen*, 2001, § 351, Rn. 5; Jauernig/*Vollkommer*, 1999, § 351, Rn. 1; Soergel/*Hadding*, § 351, Rn. 1; Staudinger/*Kaiser*, 2001, § 351, Rn. 19.

129 *Nierwetberg*, JuS 1984, 33, 34; *Larenz*, Schuldrecht, § 26 b) 2, S. 413; *Medicus*, Schuldrecht, Rn. 536 f.; Palandt/*Heinrichs*, 2001, § 351, Rn. 3; MünchKom/*Janßen*, 2001, § 351, Rn. 5, 8; Staudinger/*Otto*, 2001, § 327, Rn. 15; Staudinger/*Kaiser*, 2001, § 351, Rn. 17: Der vertragliche Rücktrittsberechtigte muss den künftigen Rücktritt einkalkulieren. Dabei handelt es sich um eine Obliegenheit, im eigenen und fremden Interesse sorgfältig mit dem Gegenstand zu verfahren.

130 MünchKom/*Janßen*, 2001, § 351, Rn. 9, 10; Staudinger/*Otto*, 2001, § 327, Rn. 15; Staudinger/*Kaiser*, 2001, § 351, Rn. 19; *Wolf*, AcP 153, 97, 131, 135 ff.; *Huber*, JuS 1972, 439, 443 f.; *Kohler*, Rückabwicklung, S. 380.

tens des Rücktrittsberechtigten voraussetzt. Denn den Rücktrittsberechtigten traf vor Rücktrittserklärung oder Wandelungsvollzug keine Rückgewährpflicht, gegen die er pflichtwidrig und damit schuldhaft verstoßen konnte. Deswegen war höchst umstritten, was unter Verschulden i. S. v. § 351 a. F. beim gesetzlich zum Rücktritt Berechtigten zu verstehen war[131].

a). „Verschulden gegen sich selbst" als Grundtheorie in der Literatur

Nach wohl herrschender Lehre[132] und Rechtsprechung[133] war unter Verschulden i. S. v. § 351 a. F. die Verletzung der Sorgfalt in eigenen Angelegenheiten im Rahmen des unechten Verschuldensbegriffs zu verstehen. Abgrenzungskriterium war damit die Frage, ob der Rücktrittsberechtigte die im eigenen Interesse zu beachtende Sorgfalt außer achten ließ. Wenn der Berechtigte den Gegenstand in zurechenbarer Weise einer über das normale Maß hinausgehenden Gefahr aussetzte, oder dadurch, dass er durch eine den Regeln ordnungsgemäßer Wirtschaft widersprechende Weise mit der Sache verfuhr, und gegen die Gebote des eigenen Interesses verstieß, so hatte er diesen daraus entstehenden Nachteil selbst zu tragen und durfte ihn nicht auf den Verkäufer im Wege des Rücktritts abwälzen - sog. Verbot des *venire contra factum proprium*[134]. Dabei berief sich die Literatur vielfach auf eine Parallelität zur Regelung des § 254, die den gleichen Verschuldensbegriff aufweist[135].

---

[131] *Hager*, in: Ernst/Zimmermann, Schuldrechtsreform, S. 437; Staudinger/*Otto*, 2001, § 327, Rn. 15; Staudinger/*Kaiser*, 2001, § 351, Rn. 17.

[132] *Glaß*, Rücktritt, S. 34 ff, 53 ff und 105; *Nierwetberg*, JuS 1984, 33, 35 f.; MünchKom/*Janßen*, 2001, § 351, Rn. 5; Jauernig/*Vollkommer*, 1999, § 351, Rn. 5; *Perkams*, Jura 2003, 150, 153; Soergel/*Hadding*, § 350, Rn. 5; Staudinger/*Otto*, 2001, § 327, Rn. 15: „Das von einem vorwerfbaren Verhalten unabhängiges Zurechnungskriterium"; vgl. *Medicus*, JuS 1990, 689, 693.

[133] BGH WM 1980, 1388, 1389; MDR 1955, 464; BGH, NJW 1958, 1773; BGH, NJW 1984, 1525, 1526; BGH, NJW 1994, 1004, 1005; BGH, NJW 1998, 3197, 3199.

[134] *Nierwetberg*, JuS 1984, 33, 35; Soergel/*Hadding*, § 351, Rn. 6; Staudinger/*Otto*, 2001, § 327, Rn. 19; Staudinger/*Kaiser*, 2001, § 351, Rn. 21; MünchKom/*Janßen*, 2001, § 351, Rn. 5; *Glaß*, Rücktritt, S. 38, 53: Umschreibung unter Anknüpfung an die Entstehungsgeschichte des § 351 a. F. mit einem Verstoß gegen die Sorgfalt eines ordentlichen Hausvaters oder ordentlichen Mannes.

[135] MünchKom/*Janßen*, 2001, § 351, Rn. 5; *Medicus*, JuS 1990, 689, 692; Soergel/*Hadding*, § 351, Rn. 4; *Glaß*, Rücktritt, S. 40; *Freckmann*, NJW 1987, 3113 f.; *Sickinger*, Gefahrtragung, S. 183.

Gegen diese Interpretation des Verschuldensbegriffs des § 351 a. F. hatte man vor allem in der neueren Literatur Einwendungen erhoben. Zum einen half der vielfach und übereinstimmend betonte Gedanke des „*venire contra factum proprium*" offensichtlich allein nicht weiter, weil es dabei gerade nur darum ging, festzustellen, in welchen Fällen die Erklärung des Rücktritts treuwidrig war[136]. Denn ein Verhalten wäre nur dann widersprüchlich und rechtsmißbräuchlich, wenn ein Vertragspartner durch sein früheres Verhalten einen Vertrauenstatbestand geschaffen hätte und der andere sich auf die Beibehaltung des einmal bezogenen Standpunktes hätte verlassen dürfen. Das erklärte § 351 a. F. aber nicht, da der Rücktritts- oder Wandelungsberechtigte hinsichtlich des Umgangs mit dem zurückzugewährenden Leistungsgegenstand keinen Vertrauenstatbestand geschaffen hätte[137]. Zum anderen käme es nicht für den Verschuldensmaßstab, sondern lediglich für den Umfang der Rücksichtnahmepflichten auf die Kenntnis des Rücktritts- oder Wandlungsgrundes an[138]. Zum letzten wäre § 351 a. F. im Zusammenhang mit den §§ 352, 353 a. F. zu überlegen, denen derselbe Gedanke zugrunde läge. Nach § 352 a. F. schließe die Verarbeitung oder Umbildung der Sache aber auch dann den Rücktritt aus, zwar entspräche diese einer interessengerechten und wirtschaftlichen Behandlung der Sache. Daher könnte es auch bei § 351 a. F. nicht auf ein unwirtschaftliches Verhalten ankommen, da anderenfalls ein Widerspruch zu den §§ 352 ff. a. F. bestände[139].

b). Haftung für jedes freie Verhalten - sog. Verursachungshaftung

Um den Anwendungsbereich des § 351 a. F. zu Lasten der als unbillig erkannten Regelung des § 350 a. F. möglichst weitgehend auszudehnen, trat dabei die folgende Absicht auf[140]. *Leser* stützte seine Argumentation vor allem auf die Überlegung, dass den Rücktrittsberechtigten bereits aufgrund des Kauf-

---

136 Staudinger/*Otto*, 2001, § 327, Rn. 16; Staudinger/*Kaiser*, 2001, § 351, Rn. 23, 24; *Sickinger*, Gefahrtragung, S. 184 f.

137 Ausführlich *Kaiser*, Rückabwicklung, S. 260 ff.: Nach ihrer Auffassung gründet der Selbstwiderspruch aber nicht auf der Zerstörung oder Beschädigung der Kaufsache, sondern auf der Rücktrittserklärung oder dem Wandelungsbegehren trotz der Sachverschlechterung bzw. des Sachuntergangs.

138 Staudinger/*Kaiser*, 2001, § 347, Rn. 25 und § 351, Rn. 28, 33 f.; *Hager*, in: Ernst/ Zimmermann, Schuldrechtsreform, S. 428, 434 ff.

139 *Wolf*, AcP 153, 97, 137; *Kohler*, Rückabwicklung, S. 340; *Leser*, Rücktritt, 1975, S. 185 ff.; *Sickinger*, Gefahrtragung, S. 184 f.

140 *Kaiser*, Rückabwicklung, S. 263; *dies.*, Staudinger, 2001, § 351, Rn. 20; MünchKom/ *Janßen*, 2001, § 351, Rn. 6; *Leser*, Rücktritt, S. 197 f.

vertrages eine Einstandspflicht für die unversehrte Rückgabe der Sache traf[141]. Die Rückgabeverpflichtung hätte schon im Vertrag als Entwurf vorgelegen und würde durch die Wahl des Rücktrittsberechtigten lediglich ausgelöst. Die Rückgabe der empfangenen Leistung stellte somit das Minimum an Ausgleich dar, das sich die Parteien für den Fall des Rücktritts zugesagt hätten. Hierfür musste der Rücktrittsberechtigte immer einstehen, unabhängig von seinen konkreten Sachverhalten. Daher bedurfte es beim Umgang mit der Sache auch keines besonderen Verschuldens, sondern es dehnte sich auf jede freie Handlung aus oder es reichte jedes Verhalten im Sinne einer reinen Verursachungshaftung[142].

Nach dieser Auffassung sollten Rücktritt und Wandelung vor allem in den Fällen schon ausgeschlossen sein, in denen die Sache durch die vertraggemäße Nutzung wesentlich verschlechtert wurde oder untergegangen war[143]. Zwar konstruierte *Leser* hier eine Pflicht des Rücktrittsberechtigten gegenüber dem Rücktrittsgegner, die in dieser Form vor der Erklärung des Rücktritts nicht existierte und auch die Annahme, die Parteien hätten im Vertrag stets eine unversehrte Rückgabe der Sache für den Fall vereinbart, war aber spätestens im Fall eines gesetzlichen Rücktritts willkürlich und aus der Luft gegriffen[144]. Zudem hätte der Wortlaut des § 351 S. 1 a. F. durch diese Verschuldensdefinition vollständig ignoriert werden können[145].

c). Haftung für risikoerhöhendes Verhalten

Um die extensive Auslegung des § 351 a. F. wieder einzuschränken, hatte sich *Larenz* vor allem dafür ausgesprochen, dass nicht bei jedem „freien" Verhalten der Rücktritt ausgeschlossen werde, sondern nur bei einem „risikoerhöhenden" Verhalten. Nur wer durch ein erkennbar „risikoerhöhendes Verhalten" eine wesentliche Verschlechterung, den Untergang oder die sonstige Unmöglichkeit der Herausgabe selbst herbeiführe, verliere sein Rücktritts-

---

141 *Leser*, Rücktritt, S. 197 f.

142 Krit. vor allem. *Kaiser*, Rückabwicklung, S. 263, Fn. 89; *dies.*, Staudinger, 2001, § 351, Rn. 20: Daher geht die Definition „jeder freien Handlung" über den Verschuldensbegriff des § 276 hinaus.

143 *Wieling*, JuS 1973, 397, 399; *Kaiser*, Rückabwicklung, S. 257: *Wieling* wollte § 351 a. F. immer dann anwenden, wenn der Rücktrittsberechtigte die Sache endgültig in sein Vermögen übernommen hatte und auf eigenes Risiko benutzte.

144 *Sickinger*, Gefahrtragung, S. 186; ähnlich *Kohler*, Rückabwicklung, S. 360.

145 *Kaiser*, Rückabwicklung, S. 263; vgl. *Leser*, Rücktritt, S. 197 ff.

recht[146]. Dafür sei allerdings erforderlich, dass es sich um eine außergewöhnliche Risikoerhöhung handele[147]. Aber eine allein aus dem im Vertrag vorausgesetzten Sachgebrauch ergebende Risikoerhöhung war außer Acht zu lassen, da ein solcher Gebrauch von den Vertragsparteien von vornherein zu rechnen war[148].

Aber dieses Haftungskriterium wurde durch den Reformgesetzgeber explizit abgelehnt[149], da die Differenzierung, ob nun der Untergang oder die Verschlechterung der Sache auf einer Handlung, einem freien Handeln, einem risikoerhöhenden Verhalten des Schuldners oder einem sonstigen Ereignis beruht, zu schwierigen Problemen der Abgrenzungen führt und in der Sache nicht überzeugt[150].

d). Haftung für besondere Betriebsgefahren

In den Fällen, in denen der Gesetzgeber für die Benutzung einer bestimmten Sache eine verschuldensunabhängige Gefährdungshaftung angeordnet habe, wäre § 351 a. F. gleichwohl zumindest analog anzuwenden, wenn sich die besondere Betriebsgefahr der Sache verwirklicht habe[151]. Nach der Auffassung von *Huber* verlor der rücktrittsberechtigte Käufer beim Gebrauch eines Kfz auch dann sein Rücktrittsrecht, wenn er für den Untergang kausalen Unfall nicht verschuldet hatte, da ihn nach § 7 StVG insoweit eine Gefährdungshaftung treffe. Zur Weiterbehaltung seines Rücktrittsrechts trotz Totalschadens des Kfz musste er nicht nur nachweisen, dass der Unfall von ihm nicht verschuldet ist, sondern auch, dass es auf einem „unabwendbaren Ereignis" i. S. v. § 7 StVG beruht. Wie bei § 254 wäre auch bei § 351 a. F. die Betriebsgefahr des Autos dem Verschulden gleichzustellen[152].

---

146 *Larenz*, Schuldrecht, § 26 b) 1 f., S. 408 f.

147 *Larenz*, Schundrecht, § 26 b) 1 f., S. 408 f.; vgl. *v. Caemmerer*, in: FS Larenz, S. 628.

148 *Larenz*, Schuldrecht, § 26 b) 1 f., S. 408 f.; MünchKom/*Janßen*, 2001, § 351, Rn. 6; Staudinger/*Kaiser*, 2001, § 351, Rn. 20.

149 *Canaris*, Schuldrechtsreform, Einl., XLIV; Abschlussbericht, S. 187; BT-Drucks., 14/ 6040, S. 196.

150 Diskussionsentwurf zu § 346 Abs. 3 S. 1 Nr. 3.

151 *Huber*, JZ 1974, 433, 440; Soergel/*Huber*, 1991, § 467, Rn. 60; vgl. *Sickinger*, Gefahrtragung, S. 189 f.

152 Soergel/*Huber*, 1991, § 467, Rn. 57 ff.

Aber infolge der wesentlichen Eigenschaft der Gefährdungshaftung war diese Argumentation jedoch für die Erklärung des Verschuldensbegriffs ungeeignet. Denn die Anordnung einer Gefährdungshaftung beruhte allein auf dem Umstand, dass jemand durch die Nutzung einer Sache oder den Betrieb einer Anlage ein spezifisches Risiko für andere schaffte und bei der Verwirklichung dieses Risikos der Nutzer oder Betreiber hierfür haften sollte, ohne dass es auf ein entsprechendes Verschulden ankam. Daher hatte eine daraus folgende Gefährdungshaftung jedoch auf das Verhältnis zwischen Käufer und Verkäufer im Hinblick auf einen etwaigen Rücktritt keinen Einfluss[153].

e). Haftung nach dem Vorbild der Treuhand

Kohler war der Meinung, dass der rücktrittsberechtigte Käufer aufgrund der analogen Anwendung vom Gemeinschaftsrecht der §§ 741 ff. die Stellung eines zur Alleinverwaltung berufenen Teilhabers hatte[154]. Denn in Falle des Rücktritts, wonach die erhaltene Sache wirtschaftlich wieder dem Verkäufer rückwirkend zuzuordnen sei, habe im Verhältnis zwischen den rücktrittsberechtigten Käufer und dem Verkäufer der dem Gemeinschaftsrecht immanente Treuhandgedanke Anwendung zu finden, der bereits im nach § 347 a. F. anwendbaren Eigentümer-Besitzer-Verhältnis seinen Ausdruck gefunden habe[155]. Die Ausschlussgründe für den Rücktritt seien daran zu messen, ob der Rücktrittsberechtigte als Alleinverwalter die treuhänderisch-gemeinschaftsrechtlich bestimmten Grenzen beim Umgang mit der Sache in der Vergangenheit beachtet habe[156].

Diese Begründung vermochte und mag jedoch nicht zu überzeugen, da das Gemeinschaftsrecht von einer treuhänderischen Verbundenheit der Beteiligten, die sich aus der gemeinschaftlichen Innehabung eines Rechts, etwa des Eigentums, ergibt, während ein solcher Anknüpfungspunkt beim Rücktritt fehlt. Damit hinkt der von *Kohler* vorgenommene Vergleich mit dem Gemeinschaftsrecht[157]. Auch bei § 351 a. F. ging es nicht um die Beachtung einer Sorgfalts- oder Treuhandpflicht gegenüber dem Verkäufer. Eine solche Verpflichtung des

---

153 Vgl. *Sickinger*, Gefahrtragung, S. 189 f.

154 *Kohler*, Rückabwicklung, S. 366 f., 375 f., 384 f.: Seiner Ansicht nach ist das Recht des Rücktritts auch wegen des Hinweises in § 347 a. F. auf die §§ 987 ff. am Maßstab des Gemeinschaftsrechts zu messen. vgl. *Sickinger*, Gefahrtragung, S. 192 f.

155 *Mugdan*, Materialien II, S. 1240.

156 *Kohler*, Rückabwicklung, S. 386, 390; *Sickinger*, Gefahrtragung, S. 192 f.

157 Vgl. Jauernig/*Stürner*, § 741, Rn. 1 f.; Palandt/*Sprau*, § 741, Rn. 1 f.

rücktrittsberechtigten Käufers im Hinblick auf den Umgang mit der Sache existierte jedenfalls beim gesetzlichen Rücktritt vor Erklärung des Rücktritts nicht[158]. Auch wegen des Fehlens an einer vergleichbaren Situation der Beteiligten war der von *Kohler* vorgenommene Vergleich mit der Gemeinschaft daher nicht zutreffend.

IV. Umfang der Haftung

In § 347 a. F. ordnete das Gesetz unter Verweisung auf § 989 für verschuldete Verschlechterungen eine Schadensersatzpflicht für den Fall an, dass der Rückgewährschuldner den Untergang, die unwesentliche Verschlechterung des zurückzugewährenden Leistungsgegenstandes und die anderweitige Unmöglichkeit der Herausgabe verschuldet hatte. Bei dieser Überlegung der Verweisung auf die Regeln des Eigentümer-Besitzer-Verhältnisses wurde wohl primär an den vertraglichen Rücktritt gedacht worden. Denn beide Parteien mussten bei der Existenz eines Rücktrittsrechtes von Anfang an mit der Möglichkeit rechnen, dass sie in Folge des Rücktritts zur Rückgewähr der empfangenen Leistung verpflichtet würden. Aber von dieser Überlegung kann beim gesetzlichen Rücktritt und bei der Wandelung keine Rede sein. Solange den Parteien die tatsächlichen Voraussetzungen des gesetzlichen Rücktrittsrechts unbekannt waren, konnten sie berechtigterweise von der Endgültigkeit ihres Erwerbs ausgehen und befanden sich gerade nicht in der Lage eines Besitzers, der mit der baldigen Herausgabe der Sache rechnen musste. Eine unmittelbare Vergleichbarkeit der Haftungssituation beim gesetzlichen Rücktritt mit der beim Eigentümer-Besitzer-Verhältnis nach Rechtshängigkeit des Eigentumsanspruchs ist daher nicht gegeben, zumindest nicht bereits vom Empfang der Leistung an[159]. Also ergeben sich hier auch ähnlich wie bei § 351 a. F. wieder Schwierigkeiten beim Merkmal „Verschulden".

Während beim vertraglichen Rücktrittsrecht Verschulden i. S. der §§ 347 S. 1 a. F., 989 unproblematisch als echtes Verschulden i. S. der §§ 276, 278 a. F.

---

[158] Vgl. MünchKom/*Janßen*, 2001, § 351, Rn. 9, 10; Staudinger/*Kaiser*, 2001, § 351, Rn. 19; *Wolf*, AcP 153, 97, 131 und 135 ff.; *Huber*, JuS 1972, 439, 443 f.; *Sickinger*, Gefahrtragung, S. 192 f.

[159] MünchKom/*Janßen*, 2001, § 347, Rn. 3; *Sickinger*, Gefahrtragung, S. 213 f.: Die Rechtsstellung des Rückgewährschuldners war infolge dieser Verweisung auf das Eigentümer-Besitzer-Verhältnis erheblich schärfer als der Bereicherungsschuldner oder der gutgläubige Besitzer vor Eintritt der Rechtshängigkeit geworden.

angesehen wurde[160], bereitete dagegen Schwierigkeiten, welcher Haftungsmaßstab für die gesetzlichen Rücktrittsrechte galt, insbesondere in der Anwendung des § 347 a. F. für das Stadium vor der Rücktrittserklärung beim gesetzlichen Rücktritt und bei der Wandelung[161]. Wegen der grundlegenden Mängel für den gesetzlichen Rücktrittsberechtigten und Wandelungsberechtigten hatten sich zur Auslegung des § 347 S. 1 a. F. unterschiedliche Auffassungen entwickelt. Die Rechtsprechung hatte eine Privilegierung des Rücktrittsberechtigten beim gesetzlichen Rücktrittsrecht bei der Haftung aus § 347 S. 1 a. F. durch eine Einschränkung durch § 327 S. 2 a. F. im Sinn[162]. Der Rechtsgedanke der Vorschrift des § 327 S. 2 a. F. bestand darin, die Haftung desjenigen, der am Rücktritt keine Schuld hat, lediglich auf die der Bereicherung einzuschränken. Erst nach der Kenntnisnahme vom Rücktrittsgrund traf den Rücktrittsberechtigten die schärfere Haftung nach §§ 819, 818 Abs. 4[163]. Hingegen wollte ein Teil der Literatur die Haftung des Rücktritts- oder Wandelungsberechtigten aus § 347 a. F. auf eine Wertersatzpflicht vor Kenntnis vom Rücktrittsgrund beschränken[164]. Diese Auffassung wollte überwiegend den zu § 351 a. F. entwickelten Verschuldensbegriff auf § 347 S. 1 a. F. übertragen und den vertraglichen und den gesetzlichen Rücktritt in der Hinsicht weitergehend gleichbehandeln[165]. Sie bejahten vor Kenntnis vom Rücktrittsgrund nur eine Wertersatzpflicht, während nach diesem Zeitpunkt der Rückgewährschuldner für Schadensersatz gem. §§ 347 S. 1 a. F., 989 haftete[166].

---

160 *Medicus*, Schuldrecht, Rn. 536 f.; Staudinger/*Kaiser*, 2001, § 347, Rn. 10, 13; Münch Kom/*Janßen*, 2001, § 347, Rn. 7; *Herold*, Rückabwicklungsschuldverhältnis, S. 126; Jauernig/*Vollkommer*, 1999, § 347, Rn. 1, 3.

161 Vgl. *Canaris*, Schuldrechtsreform, S. 222.

162 Vgl. BGHZ 53, 144, 148 f.; BGHZ 6, 227; BGH, JZ 1987, 675 f.; schon RGZ 145, 79; RGZ 116, 377 f.

163 Soergel/*Hadding*, § 347, Rn. 10; Jauernig/*Vollkommer*, 1999, § 347, Rn. 8 f.; *Sickinger*, Gefahrtragung, S. 220; *Canaris*, Schuldrechtsreform, S. 222 f.; a. A. *Glaß*, Rücktritt, S. 88 f.

164 *Glaß*, Rücktritt, S. 44, 45; *Larenz*, Schuldrecht, § 26 b) 1 f., S. 411 f.; *Rengier*, AcP 177, 418, 439; *Wieling*, JuS 1973, 397, 400.

165 Vgl. oben B III 2.

166 Vgl. *Glaß*, Rücktritt, S. 23, 44 f.; *Nierwetberg*, JuS 1984, 33, 37; *Leser*, Rücktritt, S. 176; *Larenz*, Schuldrecht, § 27 II, S. 426; oben B III 2.

C. Gefahrverteilung und Haftung beim Rücktritt nach BGB n. F.

I. Kritik an der bisherigen Rechtslage

Das Zurückspringen der Gefahr hinsichtlich einer zurückzugewährenden Sache ist schon beim vertraglichen Rücktrittsrecht problematisch und beim gesetzlichen Rücktrittsrecht offensichtlich als verfehlt anzusehen[167]. Im einzelnen war die Funktion des § 350 a. F. beim Rücktritt bekanntlich sehr strittig. Zur richtigen Auslegung der Gefahrtragungsregelung des § 350 a. F. sind viele verschiedene Auffassungen entwickelt worden, die einerseits durch Analogieanwendung des § 323 a. F. das Rücktrittsrecht ausschließen wollten oder andererseits durch Ausdehnung des Verschuldensbegriffs i. S. des § 351 a. F. auf den Anwendungsbereich des § 350 a. F. einengend beschränkten. Noch werden die Komplikationen überlagert durch die wenig geklärte Anwendbarkeit des § 327 S. 2 a. F., wonach der den Rücktritt nicht zu vertretende Teil nur nach den Vorschriften über die Herausgabe einer ungerechtfertigten Bereicherung haftet. Diese Analogie führt zum Folgeproblem, wie weit die Privilegierung reicht[168]. Schließlich kann es auch im Anwendungsbereich der §§ 347 S. 1 a. F., 989 dazu kommen, dass der jeweilige Gegner leer ausgeht, wenn der Rücktrittsberechtigte eine unwesentliche Verschlechterung oder der Rücktrittsgegner die Verschlechterung, den Untergang oder die Unmöglichkeit der Herausgabe nicht verschuldet hat[169].

II. Grundzüge nach der Novelle

Eine wesentliche Neuerung im Bereich der Gefahrtragungsregelung ist die Folge auf die Unmöglichkeit der Rückgewähr vor Rücktrittserklärung. Der Gesetzgeber hat die §§ 350 - 354 a. F. gestrichen und den Rücktritt gegen Wertersatz zugelassen, wenn der Rücktrittsberechtigte die vom Rücktrittsgegner

---

[167] *Stoll*, Rücktrittsrecht, S. 36 f.; *Honsell*, MDR 1970, 717 f.; *Wieling*, JuS 1973, 397, 398 f.; *Hager*, Gefahrtragung, S. 176; *Leser*, Rücktritt, S. 193; vgl. schon oben B II 1.

[168] *Hager*, in: Ernst/Zimmermann, Schuldrechtsreform, S. 438.

[169] *Hager*, in: Ernst/Zimmermann, Schuldrechtsreform, S. 439; *Canaris*, Schuldrechtsreform, S. 223; *Motsch*, JR 2002, 221, 222 f.: Um dieses Ergebnis zu vermeiden, billigt man dem Verkäufer das Recht zu, die Rücktrittserklärung rückgängig zu machen oder diese wegen Fehlens der Geschäftsgrundlage zu widerrufen.

empfangene Leistung nicht oder nur verändert zurückgeben kann[170]. Im Zusammenhang mit dem Wegfall der Ausschlussgründe für den Rücktritt werden grundsätzlich Rücktrittsberechtigter und Rücktrittsgegner identisch behandelt und es entfällt die Unterscheidung zwischen gänzlicher und teilweiser Zerstörung, dem Grad des Verschuldens - Fahrlässigkeit und Vorsatz[171]. Nach § 346 Abs. 2 hat der Rückgewährschuldner verschuldensunabhängig Wertersatz zu leisten, aber im Falle der durch die bestimmungsgemäße Ingebrauchnahme entstandenen Verschlechterungen und in gem. § 346 Abs. 3 geregelten Ausnahmefällen wird die Wertersatzpflicht ausgeschlossen.

III. Einzelne Regelungen der Gefahrverteilung nach der Novelle

1. Zufälliger Untergang bzw. zufällige Verschlechterung

Gem. § 346 Abs. 2 S. 1 Nr. 3 hat der Rückgewährschuldner bei zufälligem Untergang oder zufälliger Verschlechterung der zurückzugewährenden Sache grundsätzlich Wertersatz zu leisten. Die Wertersatzpflicht ist unabhängig vom Grund eines Untergangs bzw. einer Verschlechterung und vom Vertretenmüssen des Rückgewährschuldners. Vom Begriff des Zufalls wird nicht nur höhere Gewalt erfasst, vielmehr ist der Untergang nach der Terminologie des Gesetzes dann zufällig, wenn er nicht auf einem Verschulden des Rücktrittsberechtigten selbst oder seines Erfüllungsgehilfen beruht[172]. Dies ergibt sich daraus, dass gem. §§ 446, 644 i. V. m. § 346 Abs. 2 mit der Übergabe der Sache die Gefahr und die Nutzung auf die andere Partei übergeht[173]. Eine Ausnahme von der Wertersatzpflicht macht § 346 Abs. 2 S. 1 Nr. 3 Hs. 2 für „die durch die bestimmungsgemäße Ingebrauchnahme entstandene Verschlechterung“[174].

---

[170] Abschlussbericht. S. 174 f., 185 ff.; BT-Drucks., 14/6040, S. 194 ff.; *Motsch*, JR 2002, 221, 223, Fn. 6.

[171] *Hager*, in: Dauner-Lieb/Heidel/Lepa/Ring, Schuldrecht, § 5, Rn. 16.

[172] Vgl. *Larenz*, Schuldrecht, § 26 b), S. 406.

[173] Vgl. *Motsch*, JR 2002, 221, 223 f.; *Faust*, Schuldrechtsmodernisierung, § 10, Rn. 21; *Weitnauer*, JA 1978, 551, 555; *Grunewald*, Kaufrecht, S. 123 ff., 143 ff.; Artt. 67-69 UN-Kaufrecht.

[174] Ausführlich s. oben Kap. 2, B III 1.

2. Die Entdeckung des Mangels bei der Verarbeitung

Nach § 346 Abs. 2 S. 1 Nr. 2 hat der Rückgewährschuldner grundsätzlich bei Verbrauch, Veräußerung und Belastung sowie bei Verarbeitung und Umgestaltung der zurückzugebenden Sache Wertersatz zu leisten. Aber wenn sich der zum Rücktritt berechtigende Mangel erst bei der Verarbeitung oder Umgestaltung zeigt (§ 346 Abs. 3 S. 1), ist Wertersatz ausgeschlossen. Diese Ausschlussregelung findet jedoch keine Anwendung, soweit der Rückgewährschuldner den Mangel bei der Verarbeitung bzw. Umgestaltung kannte oder nur kennen musste, also bei Anwendung der erforderlichen Sorgfalt erkennbar war[175]. Wenn der Rücktrittsberechtigte die Sache trotz Entdeckung des Mangels weiter verarbeitet oder verbraucht, kann darin ein konkludenter Verzicht auf sein Rücktrittsrecht gesehen werden[176]. § 346 Abs. 3 S. 1 Nr. 1 ist analog auf den Verbrauch der zurückzugebenden Sache anzuwenden, wenn der Fehler sich erst beim bestimmungsgemäßen Verbrauch zeigt[177].

3. Der hypothetische Schadenseintritt

Wenn das Rücktrittsrecht auf einem Mangel (§§ 437 Nr. 2, 634 Nr. 3, 323) bzw. der Untergang oder die Verschlechterung der zurückzugebenden Sache auf einer vom Rückgewährgläubiger zu vertretenden Handlung beruht oder der Schaden gleichfalls beim Gläubiger eingetreten wäre, erlaubt § 346 Abs. 3 S. 1 Nr. 2 den Rücktritt ohne Wertersatz. § 346 Abs. 3 S. 1 Nr. 2 Alt. 1 begründet keine Schadensersatzpflicht, sondern schließt zu Lasten des Rückgewährgläubigers dessen Anspruch auf Wertersatz für Untergang oder Verschlechterung der Sache aus, wenn die Ursache für die Verschlechterung oder den Untergang der Sache aus der Sphäre des Rückgewährgläubigers stammt[178]. Infolgedessen meint das Vertretenmüssen nicht den Sorgfaltsmaßstab des § 276, sondern jede Verantwortlichkeit des Rückgewährgläubigers für die Verschlechterung oder den Untergang der Sache[179]. Obwohl die §§ 434 ff. anders als § 462 a. F. den Begriff

---

175 AnwKom/*Hager*, § 346, Rn. 59; jurisPK/*Faust*, § 346, Rn. 37 f.; Palandt/*Grüneberg*, § 346, Rn. 11; MünchKom/*Gaier*, § 346, Rn. 52; Bamberger/Roth/*Grothe*, § 346, Rn. 26.

176 Staudinger/*Kaiser*, § 346, Rn. 168; AG Burgwedel, NJW 1986, 2647, "Schnecke im Salat"; *Hans-Gerd*, JuS 1990, 706, 708; vgl. unten Kap. 5, E II 1.

177 *Arnold*, Jura 2002, 154, 158; AnwKom/*Hager*, § 346, Rn. 50, Fn. 350; *Gaier*, WM 2002, 1, 10; *ders.*, MünchKom, § 346, Rn. 51.

178 jurisPK/*Faust*, § 346, Rn. 59 f.; MünchKom/*Gaier*, § 346, Rn. 53.

179 Vgl. Bamberger/Roth/*Grothe*, § 346, Rn. 27; Staudinger/*Kaiser*, § 346, Rn. 170.

des Vertretenmüssens nicht verwenden, wird vor allem der Fall erfasst, dass der Untergang der Sache auf einem zum Rücktritt berechtigenden Sachmangel beruht[180].

Nach dem Wortlaut des § 346 Abs. 3 S. 1 Nr. 2 Alt. 2 ist vor allem fragwürdig, was darunter zu verstehen ist, dass der Schaden gleichfalls beim Rückgewährgläubiger eingetreten wäre[181]. Hierbei helfen die schadensersatzrechtlichen Parallelen aus §§ 287 S. 2, 848. Nach diesen Vorschriften wird die Haftung des Schuldners zunächst auf eine Haftung für Zufälle erweitert, die aber dann entfällt, wenn der Schaden auch bei rechtzeitiger Lieferung bzw. ohne die Entziehung eingetreten wäre. Dabei kommt es nicht darauf an, ob der Schaden durch das nämliche Ereignis eingetreten wäre[182]. Nach h. M. ist § 346 Abs. 3 S. 1 Nr. 2 Alt. 2 deutlich enger gefasst als § 350 a. F. und soweit in der Praxis nur in seltenen Fällen eingetreten[183].

4. Privilegierung des gesetzlichen Rücktrittsberechtigten

Nach § 346 Abs. 3 S. 1 Nr. 3 braucht der gesetzliche Rücktrittsberechtigte den Wert der zurückzugewährenden Sache nicht zu ersetzen, wenn ihm die Rückgewähr unmöglich geworden ist, solange er die in eigenen Angelegenheiten übliche Sorgfalt des § 277 beachtet hat. Diese Regelung gilt nach der bisherigen h. M. nur für die gesetzlichen Rücktrittsrechte und nur zugunsten des zum Rücktrittberechtigten[184]. Diese Ausnahme führt dazu, dass die Gefahr des zufälligen Untergangs, die der Rückgewährschuldner gemäß § 446, 644 eigentlich ab Übergabe oder Abnahme der Sache zu tragen hat, auf den Rückgewährgläubiger „zurückspringt". Dahinter steckt folgende Erwägung, dass ein gesetzliches Rücktrittsrecht des Rückgewährschuldners stets darauf beruht, dass der Rückgewährgläubiger seine Pflichten nicht vollständig erfüllt habe. Wer nicht

---

180 AnwKom/*Hager*, § 346, Rn. 61; MünchKom/*Gaier*, § 346, Rn. 53; jurisPK/*Faust*, § 346, Rn. 59 f.; Bamberger/Roth/*Grothe*, § 346, Rn. 27; Staudinger/*Kaiser*, § 346, Rn. 170.

181 Bamberger/Roth/*Grothe*, § 346, Rn. 28; *Hager*, in: Ernst/Zimmermann, Schuldrechtsreform, S. 440: „ein sprachlich ungenaue Formulierungsproblem"

182 *Herold*, Rückabwicklungsschuldverhältnis, S. 120; Bamberger/Roth/*Grothe*, § 346, Rn. 28.

183 Staudinger/*Kaiser*, § 346, Rn. 176; Bamberger/Roth/*Grothe*, § 346, Rn. 28; *Hager*, in: Ernst/Zimmermann, Schuldrechtsreform, S. 439: z. B. „die durch ein Unwetter zerstörte Wochenendhütte".

184 Ausführlich oben B III 1 f.

ordnungsgemäß geleistet habe, dürfe auch nicht darauf vertrauen, dass der Gefahrübergang auf den anderen Teil endgültig sei[185]. Dieser Gedanke entspricht zwar im Ansatz den rudimentären Grundaussagen der *UNIDROIT-Principles* und der *Principles of European Contract Law*, aber es verbleibt in Gestalt von § 346 Abs. 3 S. 1 Nr. 3 bei einer erheblichen Privilegierung des Rücktrittsberechtigten[186]. Ferner ist in der Literatur heftig umstritten, wie das Dilemma, einem von zwei schuldlosen Beteiligten den Verlust auferlegen zu müssen, gelöst werden soll[187].

In § 346 Abs. 3 S. 1 Nr. 3 ist die Privilegierung für den gesetzlichen Rücktrittsberechtigten geregelt, aber nach dem Gesetzeswortlaut ergeben sich einige Probleme, die aus mehreren Gründen als nicht überzeugend anzusehen sind. Zum einen betrifft dies die Begünstigung nur des gesetzlich, nicht aber des vertraglich zum Rücktritt Berechtigten. Warum nach § 346 Abs. 3 S. 1 Nr. 3 einseitig der gesetzliche Rücktrittsberechtigte privilegiert wird, ist fraglich, wenn es insbesondere um eine Pflichtverletzung im Rückgewährschuldverhältnis geht. Denn bezüglich des Umfangs der Haftung wegen Störungen des Rückgewährschuldverhältnisses richtet es sich nicht danach, wer für die den Rücktritt auslösende Leistungsstörung verantwortlich war, sondern danach, wer den Untergang oder die Verschlechterung der zurückzugebenden Sache zu verantworten hat. Auf die ursprüngliche Parteirolle kommt es nicht an, da die Vertragspartner einander nach Rücktrittserklärung als Rückgewährschuldner gegenüberstehen, an die die gleichen Sorgfaltsanforderungen zu stellen sind[188]. Vor allem sei der Unterschied zwischen einem gesetzlichen und einem vertraglichen Rücktrittsrecht vielfach nicht einmal theoretisch zu ziehen[189].

---

185 BT-Drucks., 14/6040, S. 196; BT-Drucks., 14/7052, S. 304; *Canaris*, Schuldrechtsreform, Einl., XL; *Faust*, Schuldrechtsmodernisierung, § 10, Rn. 35.

186 *Lorenz*, in: Schulze/Schulte-Nölke, Schuldrechtsreform, S. 343 f.

187 *Flessner*, NJW 1972, 1777, 1780; Diskussionsentwurf, S. 427; Abschlussbericht. S. 188; krit. dazu. *Honsell*, JZ 2001, 278, 281; *Lorenz*, in: Schulze/Schulte-Nölke, Schuldrechtsreform, S. 345 f.; *ders.*, Schuldrecht, Rn. 429: „Diese Lösung sei weder rechtsvergleichend noch rechtsethisch selbstverständlich"; *Kaiser*, JZ 2001, 1057, 1064; Art. 82 Abs. 1 UN-Kaufrecht; CISG/*Hornung*, Art. 82, Rn. 6 f.; vgl. *Unidroit-Principles* und *PECL* ordnen für den Fall der Unmöglichkeit der Herausgabe einschränkungslos Wertersatz an.

188 *Kaiser*, JZ 2001, 1057,1064; *dies.*, in: Westermann, Schuldrecht, S. 204; *Kohler*, JZ 2001, 325, 332; krit. auch *Lorenz*, in: Schulze/Schulte-Nölke, Schuldrechtsreform, S. 329, 345; vgl. *Kriechbaum*, JZ 1993, 642, 648.

189 AnwKom/*Hager*, § 346, Rn. 57; *ders.*, in: Ernst/Zimmermann, Schuldrechtsreform, S. 440 f.; *Kaiser*, JZ 2001, 1057, 1065 f.; vgl. *Canaris*, Schuldrechtsreform, Einl., XLIV;

Zum anderen ist hinsichtlich der Sorgfaltspflicht in eigenen Angelegenheiten fragwürdig, ob die Sorgfaltspflicht in eigenen Angelegenheiten ein tauglicher Haftungsmaßstab ist, da sie einerseits inhaltlich zu weit und andererseits systematisch nicht passt[190]. Bezüglich des engen Anwendungsbereichs des § 346 Abs. 3 S. 1 Nr. 3 ist auch fraglich, ob es einen gerechten Anlass gibt, deren Anwendungsbereich auf die ausdrücklich genannten Schlechterfüllungs- und Unmöglichkeitskonstellationen zu beschränken. Denn nach der Intention des Gesetzgebers will § 346 Abs. 3 S. 1 Nr. 3 den gesetzlich zum Rücktritt Berechtigten generell privilegieren[191]. Schließlich ist beim Schadensersatz aus § 346 Abs. 4 problematisch, in welchem Zusammenhang die Kenntnisnahme vom Rücktrittsgrund mit der daraus folgenden Einschränkung des Privilegs des gesetzlichen zum Rücktrittberechtigten steht. Denn aus den Regeln der historischen Auslegung ist das Privileg aus § 346 Abs. 3 S. 1 Nr. 3 bei Kenntnis der Rücktrittsvoraussetzungen einzuschränken[192].

D. Bewertung und Zwischenergebnis

Abweichend von §§ 275, 323 und 446 a. F. erhielt der Rücktrittsberechtigte gem. 350 a. F. bei Vertragsaufhebung die von ihm erbrachte Leistung zurück, ohne seinerseits die empfangene Gegenleistung oder anderweitigen Ersatz erbringen zu müssen. Die daraus folgende Verteilung der Sachgefahr wurde vom Großenteil in der Literatur als rechtspolitisch verfehlt angesehen und infolgedessen entstand ein Bedarf zur Einschränkung des § 350 a. F. im Bereich der Gefahrverteilung; Zum einen sollte der Anwendungsbereich des § 350 a. F. durch extensive Auslegung des Verschuldensbegriffs bei § 351 a. F. beschränkt und zum anderen sollte entgegen des deutlichen Wortlauts des § 348 a. F., § 323 a. F. im Rückgewährschuldverhältnis analog anwendbar sein. Letzteres wurde aber von der h. L. wegen der fehlenden synallagmatischen Verknüpfung der beiderseitigen Rückgewährpflichten sowie des klaren Wortlauts des § 348 a. F. abgelehnt[193].

---

ausführlich unten Kap. 4.

[190] *Kaiser*, JZ 2001, 1057, 1063.

[191] *Kaiser*, JZ 2001, 1057, 1062; *dies.*, Staudinger, § 346, Rn. 179; *Arnold*, Jura 2002, 154, 158; *Looschelders*, Schuldrecht, Rn. 851; AnwKom/*Hager*, § 346, Rn. 60, 64; MünchKom/*Gaier*, § 346, Rn. 57; ausführlich unten Kap. 5.

[192] *Canaris*, Schuldrechtsreform, Einl., XLVII; ausführlich unten Kap. 6.

[193] Oben B II.

Die Vorschrift des § 351 a. F. war auf die Gefahrtragungsregelung des § 350 a. F. eng bezogen; je restriktiver (bzw. extensiver) man den Verschuldensbegriff in § 351 a. F. auslegte, desto weiter (bzw. enger) wurde der Anwendungsbereich des § 350 a. F. Aus diesem Hintergrund stellte sich die Frage, was unter dem Begriff des Verschuldens i. S. v. § 351 a. F. zu verstehen ist. Nach überwiegender Auffassung passte der Begriff des Verschuldens im technischen Sinn nach §§ 276, 278 a. F. zumindest für den Fall des gesetzlichen Rücktritts nicht. Denn vor Kenntnis von seinem Rücktrittsgrund trafen den gesetzlichen Rücktrittsberechtigten keine Sorgfaltspflichten für den Umgang mit dem erhaltenen Gegenstand. Nach überwiegenden Auffassungen in der Rechtsprechung und der Literatur ist der Verschuldensbegriff des § 351 a. F. vor Kenntniserlangung vom Rücktritts- oder Wandelungsgrund daher als „ein Verschulden gegen sich selbst" gefasst[194].

Nach der Rücktrittserklärung haftete der Rücktrittsberechtigte gem. § 347 a. F. für die von ihm verschuldete Unmöglichkeit der Rückgewähr unter Verweisung auf § 989 a. F. Die Verweisung auf die Regeln des Vindikationsrechts ist zumindest beim gesetzlichen Rücktritt und bei der Wandelung nicht überzeugend anzusehen, soweit den Parteien die tatsächlichen Voraussetzungen des gesetzlichen Rücktrittsrechts nicht bekannt sind. Denn der der strengen Haftung des § 347 a. F. zugrunde liegende Gedanke trifft auf den gesetzlichen Rücktritt und die Wandelung nicht zu. Zur Auslegung des § 347 a. F. haben sich daher unterschiedliche Meinungen entwickelt; Sieht die eine Seite eine Haftungsbeschränkung durch analoge Anwendung des § 327 S. 2 a. F. vor, so will die andere Seite den § 347 a. F. auf eine Wertersatzpflicht vor der Kenntnisnahme vom Rücktritt beschränken. Nach der Erklärung des Rücktritts wurde aber die Regelung des §§ 347, 989 a. F. grundsätzlich sowohl beim vertraglichen als auch beim gesetzlichen Rücktritt einheitlich angewendet[195].

Durch die Einführung der verschuldensunabhängigen Wertersatzpflicht waren die zu den bisherigen Vorschriften der §§ 350, 351 a. F. existierenden Auslegungs- und Anwendungsstreitigkeiten zu beseitigen. Als Reaktion auf die Unmöglichkeit der Rückgewähr vor Rücktrittserklärung hat der Gesetzgeber die bisherige Ausschlusslösung der §§ 350 ff. a. F. gestrichen und grundsätzlich den Rücktritt gegen Wertersatz zugelassen. Vor allem hat der Rückgewährschuldner auch die durch Zufall entstandene Sachgefahr zu tragen. Zwar ist die Regel der Gefahrverteilung nach der Zielsetzung des Reformgesetzgebers viel einfacher

---

194 Oben B III.

195 Oben B IV.

und übersichtlicher geworden, aber aus rechtspolitischen bzw. Rechtsvergleichenden Gründen verbleiben noch viele Streitigkeiten um den Umfang des Privilegs und die daraus folgende Verteilung der Sachgefahr[196].

196 Oben C.

Teil III
Dogmatische Untersuchung der Privilegierung des gesetzlichen Rücktrittsberechtigten

Kapitel 4. Die Gleichbehandlung von vertraglichem und gesetzlichem Rücktrittsrecht

A. Eine einheitliche Rücktrittsregelung

Um die durch die entsprechende Anwendung der §§ 327 S. 1, 467 S. 1 a. F. entstehende Unsicherheit und Unklarheit zu vermeiden, hat sich der Reformgesetzgeber im Rahmen der Rücktrittsvorschriften dazu entschlossen, §§ 346 ff. sowohl auf das vertragliche als auch auf das gesetzliche Rücktrittsrecht einheitlich anwendbar zu gestalten. Infolgedessen sind die bisherigen Verweisungsvorschriften der §§ 327 S. 1, 467 S. 1, 634 Abs. 4 a. F. als überflüssig gestrichen worden. Soweit für den gesetzlichen Rücktritt Sondervorschriften erforderlich sind, können sie in den Zusammenhang der §§ 346 f. eingeordnet werden[197]. Vor allem weicht der Gesetzgeber in diesem zentralen Punkt von den übrigen früher dargestellten Rechtsordnungen ab, indem erstmals auf eine tatbestandliche Unterscheidung zwischen beiden Arten des Rücktritts verzichtet wird und auch das historisch stets als Sonderfall des gesetzlichen Rücktritts betrachtete Wandelungsrecht formal aufgegeben wird und diese in ihren Folgen den allgemeinen Vorschriften der §§ 346 ff. unmittelbar untergestellt wird[198].

Trotz der wesentlichen Gleichbehandlung der beiden Rücktrittsrechte wird der vertraglich vorbehaltene und, der gesetzliche Rücktrittsberechtigte andererseits, nach § 346 Abs. 3 S. 1 Nr. 3 unterschiedlich behandelt. Daraus stellt sich folgende Frage, nämlich, ob die Unterscheidung zwischen vertraglichem und gesetzlichem Rücktrittsrecht den entscheidenden Punkt trifft[199]. Soweit die Notwendigkeit der unterschiedlichen Behandlung bejaht wird, ist auch bezüglich

---

[197] Vgl. Diskussionsentwurf S. 220, 225; *Canaris*, Schuldrechtsreform, S. 773 f.; a. A. *Huber*, in: Gutachten und Vorschläge, S. 696 f., 844 f.

[198] *Wolgast*, Rücktrittsfolgenrecht, S. 154; Soergel/*Hadding*, vor § 346, Rn. 1.

[199] *Hager*, in: Ernst/Zimmermann, Schuldrechtsreform, S. 431; *Canaris*, Schuldrechtsreform, Einl., XLIV f.; *Kaiser*, JZ 2001, 1057, 1065 f.

der Privilegierung des gesetzlich zum Rücktrittberechtigten gem. § 346 Abs. 3 S. 1 Nr. 3 zu fragen, wieweit der Umfang des Privilegs reicht, über die schon in der früheren Rechtslage des § 327 S. 2 a. F. heftig gestritten wurde[200].

B. Entstehungsgeschichte der beiden Rücktrittsrechte im BGB

Das BGB a. F. stellte in § 346 Abs. 1 a. F. den vertraglich vorbehaltenen Rücktritt an die Spitze, dagegen wurde bei Unmöglichkeit bzw. Verzug über § 327 S. 1 a. F. und bei Wandelung gemäß den §§ 467, 634 Abs. 4 a. F. nur auf die entsprechende Anwendung dieser verwiesen. Die Zweckmäßigkeit der Verweisung des § 327 S. 1 a. F. wurde in der Literatur insofern bezweifelt, denn die Hauptbedeutung der Rücktrittsfolgenrechten lag im Bereich der gesetzlichen Rücktrittsrechte und vor allem der Wandelung[201]. Die indirekte Regelung der Hauptanwendungsfälle des Rücktritts war keineswegs zufällig oder nur auf die allgemeine Verweisungstechnik des Gesetzbuches zurückzuführen, sondern erklärte sich vielmehr aus der Entstehungsgeschichte, die ihre deutlichen Spuren in der Kodifikation hinterlassen hatte[202].

I. Entstehungsgeschichtlicher Hintergrund

Dem römischen Recht und in dessen Folge dem gemeinen Recht war ein allgemeines Rücktrittsrecht im heutigen Sinne unbekannt. Wichtigstes Instrument der Vertragsaufhebung war die Wandelung von Kaufverträgen wegen verborgener Sachmängel, die sog. *actio redhibitoria*[203]. Daneben gab es einige typische Nebenabreden, die für den Fall des Eintritts bestimmter Umstände die Vertragsaufhebung vorsahen, so namentlich die *in diem addictio* (Bessergebotklausel), die *lex commissoria* (Verwirkungsklausel) und das *pactum displicentiae* (Kauf auf Probe)[204]. Im gemeinen Recht war die *lex commissoria* als

---

200 Vgl. *Huber*, in: Gutachten und Vorschläge, S. 843 f.

201 Vgl. *Leser*, Rücktritt, S. 1 f.; *Huber*, in: Gutachten und Vorschläge, S. 844 f.; Staudinger/*Kaiser*, § 346, Rn. 4; Soergel/*Wiedemann*, § 327, Rn. 3; *Blomeyer*, Schuldrecht, S. 207.

202 *Leser*, Rücktritt, S. 1.

203 Vgl. Deren Grundsatz war *mortuus redhibetur*.

204 *Leser*, Rücktritt, S. 2 f., 16 f. und 39 f.; Staudinger/*Kaiser*, Vorbem. zu §§ 346-354, Rn. 7: Ziel der *actio redhibitoria* war die *restitutio in integrum*, d. h. die Wiederherstellung des ohne den Vertrag bestehenden Zustandes.

aufschiebend bedingter Aufhebungsvertrag institutionalisiert, der durch einseitige Erklärung des Gläubigers wirksam wurde[205].

Im Lauf der Normierung des Rücktrittsrechts hat das preußische ALR von 1794 erstmalig den vernunftrechtlichen Gedanke für die Entwicklung des Rücktritts wegen Nichterfüllung in Gesetzesform gebracht[206]. War eine gelieferte Sache mangelhaft oder fehlte es ihr an einer zugesicherten Eigenschaft, dann konnte der Käufer gemäß §§ 326, 328 i. V. m. § 331 ALR I 1 Wandelungs- oder Minderungsklagen erheben. Der Wandelungsanspruch war jedoch ausgeschlossen, wenn der Käufer zur unveränderten Sachrückgabe außerstande war. Im Fall des zufälligen Sachuntergangs vor der Wandelungsklage trug der Käufer nach dem römischen Grundsatz „*casum sentit dominus*" die Sachgefahr[207]. Für die übrigen Verträge musste der Rücktritt aber im Wege der Klage geltend gemacht werden. Also stand dem Rücktrittsberechtigten das Rücktrittsrecht erst dann zu, wenn zuvor feststand, welche der beiden Parteien letztlich zum Rücktritt berechtigt war. Damit sei der Rücktritt hinsichtlich seiner Funktionsfähigkeit völlig denaturiert, denn von einer schnellen Lösung vom Vertrag könne keine Rede mehr sein[208]. Die Haftung für die bereits empfangene Leistung entsprach derjenigen des Besitzers gegenüber dem Eigentümer[209].

Das Allgemeine Deutsche Handelsgesetzbuch von 1861 beschränkte sich zwar auf die Regelung des Rücktritts beim Handelskauf, wurde aber dennoch als wichtige Überwindung des gemeinen Rechts und als sachgerechte Modernisierung des Rücktrittsrechts angesehen[210]. Im Fall des Verzugs sollte jeder Vertragspartner - soweit noch keine Leistung erbracht war - nach fruchtlosem Ablauf einer Nachfrist berechtigt sein, entweder Schadensersatz wegen Nichterfüllung zu fordern oder vom Vertrag zurückzutreten. Der Rücktritt setzte anders als das faktische Abgeben vom Vertrag im Rahmen des Schadensersatz-

---

205 Vgl. *Kaiser*, Rückabwicklung, S. 13 f.

206 *Leser*, Rücktritt, S. 7 f.; vgl. *Scherner*, Rücktrittsrecht, S. 129.

207 Vgl. §§ 327, 328 ALR I 5; *Sickinger*, Gefahrtragung, S. 96 f.; Abschlussbericht, S. 179.

208 *Leser*, Rücktritt, S. 7 f., Fn. 28 f.; vgl. *Scherner*, Rücktrittsrecht, S. 180 f.

209 Vgl. *Leser*, Rücktritt, S. 8, Fn. 27; Der Vertragstreue haftete wie ein redlicher Besitzer gem. §§ 188 f. ALR I 7, dagegen haftete der Vertragsuntreue wie ein unredlicher Besitzer gem. §§ 222 f. ALR I 7.

210 Vgl. *Raisch*, Abgrenzungsproblem, S. 116 f.; *Leser*, Rücktritt, S. 10 f.; *Kaiser*, Rückabwicklung, S. 15: Den Beratung des ADHGB lagen Entwürfe Österreichs (§ 35 des ministeriellen Entwurfs von 1855) und Preußens (Artt. §§ 250 - 252) zugrunde, wobei Formulierung und Wirkungsweise sich deutlich an Art. 1184 *Code Civil* anlehnten.

anspruchs keinen Interessenwegfall voraus und erleichtere dem Gläubiger so die Lösung vom Vertrag. Daher wurde das Rücktrittsrecht dem Gläubiger nur alternativ zum Schadensersatzanspruch gewährt[211].

II. Beratung des vertraglichen Rücktrittsrechts

In der 76. Sitzung der Ersten Kommission zur Beratung eines BGB vom 17. 4. 1882 wurde erstmals über die Ausgestaltung eines allgemeinen vertraglichen Rücktrittsrechts diskutiert[212]. *v. Kübel* hatte mit den §§ 4, 5 TE-OR (Nr. 19) einen speziellen Entwurf für die Gestaltung eines vertraglichen Rücktritts mit Reugeldabrede vorgelegt[213]. Inhaltlich ging es darum, dass gegen Vereinbarung und Zurücklassung eines Reugeldes der jeweiligen Partei ein Rücktrittsrecht zustehen sollte, sofern eine Erfüllung oder Teilerfüllung des Vertrages noch nicht stattgefunden habe[214]. Hierzu stellte *Windscheid* den Antrag, diese Vorschrift in eine neu zu bildende eigene Rubrik „3. Vorbehaltenes Rücktrittsrecht" aufzunehmen[215]. In der 78. Sitzung der Kommission bei der Beratung über den Vorbehalt der Rechtsverwirkung (vgl. § 11 TE-OR (Nr. 19))[216] beschloss die Mehrheit der Kommission, dass es notwendig sei, allgemeine Vorschriften für die Voraussetzungen und die Rechtsfolgen eines Rücktrittsrechts in den Entwurf aufzunehmen. Desweiteren behielt sich die Kommission vor, dass die Regelungen zu den Rechtsfolgen des vertraglichen Rücktrittsrechts unter Umständen sowohl auf die Rechtsfolgen des gesetzlichen Rücktrittsrechts als auch auf die der Wandelungsklage ausgedehnt werden sollten[217]. Schon hier kam also in der Kommission der Gedanke auf, allgemeine Rücktrittsregeln zu schaffen, die in ihren Rechtsfolgen nicht zwischen vertraglichem und gesetzlichem Rücktritt unterscheiden[218]. In Anknüpfung an die Bedingungskonstruk-

---

[211] *Kaiser*, Rückabwicklung, S. 15 f.; *Leser*, Rücktritt, S. 10 f.; vgl. *Scherner*, Rücktrittsrecht, S. 156 f., 174 f.; *Beinert*, Vertragsverletzung, S. 179 f.; *Schmidt-Räntsch*, ZIP 2000, 1639, 1641; *Jakobs*, Gesetzgebung, S. 58.

[212] *Leser*, Rücktritt, S. 29 f.: Dafür wurde die Verwirkungsklausel der *lex commissoria* in das vertragliche Rücktrittsrecht übernommen.

[213] *Jakobs/Schubert*, Die Beratung des BGB I, S. 555 f.

[214] *Sickinger*, Gefahrtragung, S. 111, Fn. 2: Eine solche Reugeldvereinbarung mit eben jener Rechtsfolge war bereits im gemeinen Recht und auch im preußischen Recht in den §§ 312 ff. ALR I 5 bekannt. ausführlich vgl. *Windscheid*, Pandekten, S. 170, 351.

[215] *Jakobs/Schubert*, Die Beratung des BGB I, S. 556.

[216] *Jakobs/Schubert*, Die Beratung des BGB I, S. 558.

[217] *Jakobs/Schubert*, Die Beratung des BGB I, S. 559 f.

[218] Vgl. § 369 E I; Motive Bd. II, S. 280; Staudinger/*Kaiser*, Vorbem. zu §§ 346-354,

tion war der Rücktritt durch einseitige Erklärung geltend zu machen[219]. Danach waren die Parteien untereinander so berechtigt und verpflichtet, wie wenn der Vertrag nicht geschlossen wäre[220].

III. Beratungen des gesetzlichen Rücktrittsrechts

Die Einführung des Rücktritts wurde damit begründet, dass dieser bei Teilunmöglichkeit und Interessewegfall des Gläubigers schon nach bisherigem Recht zulässig war. Wird die Leistung aber ganz unmöglich, kann von einem Interessenwegfall stets ausgegangen werden. Dieser Gedanke sei zwar neu, aber eine angemessene Fortbildung des Rechts, die auch eine Annäherung an das französische *Code Civil* bringe und bereits im ADHGB eine Bestätigung finde[221]. Die Voraussetzungen eines allgemeinen gesetzlichen Rücktrittsrechts aufgrund einer vom Schuldner zu vertretenden Unmöglichkeit wurden erstmals in der 124. Sitzung der Kommission vom 4. 10. 1882 ausgiebig diskutiert und in § 3 TE-OR (Nr. 22) niedergelegt[222]. Für die Rechtsfolgen des gesetzlichen Rücktrittsrechts traf § 6 TE-OR (Nr. 22) eine Regelung, die dem vertraglichen Rücktrittsrecht weitgehend entsprach. In der 125. Sitzung der Kommission vom 6. 10. 1882 knüpfte man schließlich die Rechtsfolgen des gesetzlichen Rücktritts an die Grundsätze der *actio redhibitoria* an[223], indem für die Rechtsfolgen des gesetzlichen Rücktritts auf die Regelung der §§ 87 ff. ZustOR zu den Rechts-

---

Rn. 9; *Sickinger*, Gefahrtragung, S. 112.

219 Vgl. § 427 Abs. 1 E I.

220 *Leser*, Rücktritt, S. 23, 30 ff.; *Muscheler*, AcP 187, 343, 348 f.; *Jakobs/Schubert*, Die Beratung des BGB I, S. 559 f.; TE-OR (Nr. 32), § 22: „Ist einem Kaufe die Verabredung beigefügt, dass dem Verkäufer oder Käufer freistehen solle, von dem Vertrage nach Belieben zurückzutreten, so sind die Vertragschließenden im Falle des Rücktritts des Berechtigten unter einander so berechtigt und verpflichtet, wie wenn der Vertrag nicht geschlossen wäre."

221 Prot. I, S. 1135.

222 Prot. I, S. 1133; *Jakobs/Schubert*, Die Beratung des BGB I, S. 271. TE-OR (Nr. 22), § 3: „Bei gegenseitigen Verträgen kann der Gläubiger im Falle der gänzlichen Unmöglichkeit der Leistung anstatt des in § 2 bezeichneten Anspruchs von dem Vertrage zurücktreten, unbeschadet seines Rechtes auf den Ersatz eines weiteren zur Zeit des Rücktrittes schon entstandenen Schadens. Im Falle nur theilweiser Unmöglichkeit steht dieses Rücktrittsrecht dem Gläubiger dann zu, wenn die Leistung in Folge ihrer theilweisen Unmöglichkeit ihm nutzlos geworden ist oder an Werth für ihn erheblich verloren hat"

223 *Mugdan*, Materialien II, S. 155 ff.

folgen der Wandelungsklage verwiesen wurde[224]. Beide Kommissionen gingen davon aus, die Regelung des vertraglichen Rücktritts passe auch für das gesetzliche Rücktrittsrecht[225].

IV. Beratungen des Wandelungsrechts

Die Rechtsfolgen der Wandelung des Kaufvertrags wurden erst in der 90. Sitzung vom 19. 5. 1882 diskutiert. Der von *v. Kübel* zur Diskussion gestellte Teilentwurf orientierte sich im Wesentlichen an der römischen *actio redhibitoria*. Für den Fall der bloßen Verschlechterung der empfangenen Kaufsache sahen die §§ 16, 30 TE-OR (Nr. 20)[226] vor, dass die Wandelung nicht ausgeschlossen sein solle, dass aber der Käufer Wertersatz zu leisten habe. Dies wurde damit begründet, dass die Parteien verpflichtet sein sollten, den vorvertraglichen Zustand wiederherzustellen[227]. Für den Fall des Untergangs der empfangenen Sache aufgrund ihrer Fehlerhaftigkeit oder aufgrund Zufalls sahen die §§ 30, 31 TE-OR (Nr. 20) vor, dass das Wandelungsrecht unberührt bleiben sollte. Dagegen sollte die Wandelung ausgeschlossen sein, wenn die Unmöglichkeit der Herausgabe der Sache auf ein Verschulden des Käufers, auf Weiterveräußerung oder auf Umgestaltung der Sache zurückzuführen war[228]. Die Mehrheit der Kommission billigte schließlich den Teilentwurf von *v. Kübel*. Der Ansatz von Teilen der Rechtsprechung und dementsprechend der Vorschlag, dass man entweder für den Fall des verschuldeten Untergangs der Sache dem Käufer die Wandelung mit Wertersatzpflicht gestatten müsse oder aber auch bei verschuldeter wesentlicher Verschlechterung die Wandelung auszuschließen sei, wurde von der Ersten Kommission ausdrücklich abgelehnt[229]. Die wesentlichen Beschlüsse der Kommission wurden in den §§ 87 - 92 ZustOR festgehalten. In der 191. Sitzung von 30. 3. 1883 wurde schließlich beschlossen, für die

---

[224] *Jakobs/Schubert*, Die Beratung des BGB I, S. 278.

[225] Motiv II, S. 211; Prot. I, S. 651, 652.

[226] *Jakobs/Schubert*, Die Beratung des BGB I, S. 565; *Leser*, Rücktritt, S. 47: Dagegen war das Wandelungsrecht in der Praxis ausgeschlossen, wenn die empfangene Sache untergegangen oder verschlechtert worden war, nachdem der Wandelungsberechtigte Kenntnis vom Mangel erlangt hatte: ROHG v. 13. 3. 1875, ROHGE 16, 321, 322.

[227] *Jakobs/Schubert*, Die Beratung des BGB I, S. 566 f.: Diese Haftungsnorm lautet hinsichtlich der Formel beim vertraglichen Rücktrittsrecht. Der Käufer wurde nicht wie ein redlicher Besitzer in § 337 ALR I 5 behandelt, sondern er hätte die Verschlechterung mit der Sorgfalt eines ordentlichen Hausvaters vermeiden müssen.

[228] *Jakobs/Schubert*, Die Beratung des BGB I, S. 572 f.

[229] *Jakobs/Schubert*, Die Beratung des BGB I, S. 573.

Wandelung auf die die Rechtsfolgen des vertraglichen Rücktritts regelnden §§ 426 - 436 E I zu verweisen[230].

V. Beratungen einer einheitlichen Regelung für die beiden Rücktrittsgründe

Nach Abschluss der Beratungen über die Rechtsfolgen der Wandelung entstanden zwei jeweils eigenständige Regelungssysteme; das vertragliche Rücktrittsrecht wurde in den §§ 54 ff. ZustOR einheitlich, das Wandelungsrecht und das gesetzliche Rücktrittsrecht hingegen in den §§ 87 ff. ZustOR geregelt. Im Hinblick auf die Rückabwicklung ausgetauschter Leistungen wiesen die Vorschriften zum vertraglichen Rücktrittsrecht jedoch erhebliche Lücken auf, da die über die Frage der Gefahrtragung und Haftung des Rücktrittsberechtigten bei Sachverschlechterung und Sachuntergang nie geregelt wurden[231]. Zur Ergänzung dieser Lücken der Rechtsfolgenregelung beim vertraglichen Rücktritt kam die Kommissionsmehrheit zur Ansicht, dass der Kauf mit Vorbehalt der Reue ein Unterfall des in §§ 54 ff. ZustOR geregelten Rücktrittsvorbehaltes ist. Da man sich bereits bei den Beratungen um das vertragliche Rücktrittsrecht vorbehalten habe, nach Erledigung der Wandelungsregelungen zu prüfen, ob und in welcher Weise die Wandelungsvorschriften für das vertragliche Rücktrittsrecht anwendbar und folglich zu verallgemeinern und in den Abschnitt über den Vorbehalt des Rücktritts vom Vertrag zu versetzen seien[232], wurde die Auffassung von *v. Kübel*, der vertragliches Rücktrittsrecht und Wandelung unterschiedlich behandeln wollte, abgelehnt[233]. Schließlich wurden die einheitlichen Rechtsfolgen des vertraglichen und des gesetzlichen Rücktrittsrechts sowie der Wandelung im ersten Entwurf geregelt[234]. Sie basierten auf der *actio redhibitoria* des römischen Rechts[235].

---

[230] *Jakobs/Schubert*, Die Beratung des BGB I, S. 575 f.; Staudinger/*Kaiser*, Vorbem. zu §§ 346-354, Rn. 9.

[231] *Jakobs/Schubert*, Die Beratung des BGB I, S. 576 f.; *Schubert*, Schuldverhältnisse, S. 5 f.

[232] *Jakobs/Schubert*, Die Beratung des BGB I, S. 580, Fn. 22.

[233] Vgl. *Schubert*, Schuldverhältnisse, S. 61: Nach der Auffassung von *v. Kübel* gab es zwischen vertraglichem Rücktrittsrecht und Wandelung eine eindeutige Unterscheidung.

[234] E I, § 369; *Jakobs/Schubert*, Die Beratung des BGB I, S. 580, Fn. 22; Staudinger/*Kaiser*, Vorbem. zu §§ 346-354, Rn. 9: Hinsichtlich einer einheitlichen Regelung des Rücktrittsrechts wurde vorher geprüft, ob und in welcher Weise die Wandelungsvorschriften für das vorbehaltene Rücktrittsrecht der §§ 54 ff. ZustOR anwendbar und folglich zu verallgemeinern waren.

[235] *Mugdan*, Materialien II, S. 155 f.; vgl. *Leser*, Rücktritt, S. 54 f.

Nach der Veröffentlichung des ersten Entwurfs wurde vor allem § 429 E I im Bereich des Rücktritts heftig kritisiert[236]. Denn diese Vorschrift stehe im Widerspruch zu den im Entwurf anerkannten Grundsätzen über die Gefahrtragung, und stimme nicht mit den regelmäßigen Intentionen der Parteien überein. Jedenfalls das vertragliche Rücktrittsrecht müsse daher im Fall des Sachuntergangs ausgeschlossen sein[237]. Zur detaillierten Untersuchung des Ersten Entwurfes, vor allem § 429 E I, wurde die Zweite Kommission im Dez. 1890 eingesetzt. Bei der Diskussion des Rücktrittsrechts handelte es sich im Wesentlichen um die in § 429 E I festgelegte Gefahrverteilung, die auch in der Zweiten Kommission kontrovers behandelt wurde. Dadurch wurden zwar einige Auffassungen für die Veränderung des § 429 E I vorgeschlagen[238], aber die Zweite Kommission ließ mehrheitlich die Regelung des § 429 E I unverändert bleiben[239]. Daher wurde der einheitliche Rücktritt vom Vertrag für alle Vertragsarten in den 1896 ausgefertigten Vorschriften des Bürgerlichen Gesetzbuches geregelt. Die Schaffung eigener Rückabwicklungsregeln machte sowohl die früher für den gesetzlichen Rücktritt vorgesehene Bedingungskonstruktion als auch den Rückgriff auf allgemeine bereicherungsrechtliche Vorschriften überflüssig[240].

Aber bereits in den Motiven des BGB ist hervorgehoben worden, dass das Gesetz durch die Vereinheitlichung der Rechtsfolgen sämtlicher Vertragsaufhebungsrechte an Einfachheit und Klarheit gewinne[241]. Unter Berücksichtigung solcher Zielsetzung des Gesetzgebers ist jedoch fraglich, ob es sinnvoll war, dass das

---

236 *Jakobs/Schubert*, Materialien des BGB, S. 49 f.; § 429 E I: „Das Rücktrittsrecht findet auch dann statt, wenn ein Gegenstand, welchen der Rücktrittsberechtigte empfangen hat, durch Zufall untergegangen ist“

237 *Laband*, AcP 74, 1, 54; dagegen bejahend Zusammenstellung, S. 359 f.: z. B. Zustimmungen der Handelskammern.

238 Vgl. Einzelner Veränderungsvorschlag von *Mandry, Jacubezky, Cuny*; Prot. II, S. 792 f.; *Jakobs/Schubert*, Die Beratung des BGB I, 1978, S. 603 f.

239 Prot. II, S. 793 f., (Begründung des Zweiten Entwurfs): Denn wenn die Sache vor ihrer Übergabe bereits beim Verkäufer untergegangen wäre, dann hätte der Käufer gar nicht den Kaufpreis gezahlt. Zudem könne auch allein die Entgegennahme der Ware durch den Käufer nicht die Annahme rechtfertigen, dass der Käufer hiermit die Gefahr ihres zufälligen Untergangs habe übernehmen wollen. Bei einem Kauf unter dem Vorbehalt des Rücktritts stehe eine solche Annahme mit der Auffassung des täglichen Lebens im Widerspruch, zumal bei einem solchen Kauf vor allem der Verkäufer ein Interesse daran habe, die Ware alsbald dem Käufer zu übergeben.

240 Vgl. *Windscheid*, Pandekten, S. 689; Motive Bd. II, S. 281; *Leser*, Rücktritt, S. 39 f.

241 Motive Bd. II, S. 280.

praktisch weniger relevante vertragliche Rücktrittsrecht zentral in den Vordergrund zu stellen[242]. Ferner stellt sich auch diese grundlegende Frage, ob es zwischen vertraglichem und gesetzlichem Rücktrittsrecht einen wesentlichen Unterschied gibt.

C. Die Problematik bei der Verweisungsregelung nach § 327 a. F.

I. Verweisungsregelung nach § 327 S. 1 a. F.

Hinsichtlich der Rechtsfolgen des gesetzlichen Rücktritts wegen Leistungsstörungen oder Rechtsmängeln verwies § 327 S. 1 a. F. auf die für das vertragliche Rücktrittsrecht geltenden Vorschriften der §§ 346 ff. a. F. Durch die Verweisungsreglung des § 327 S. 1 a. F. wurde das gesetzliche Rücktrittsrecht des Gläubigers grundsätzlich mit dem vertraglichen Rücktrittsrecht gleichgestellt. Bezüglich des Zusammenhangs zwischen einer einheitlichen Regelung der beiden Rücktrittsrechte und einer Verweisungsregelung war *Huber* der Meinung, dass der vertragliche Rücktritt gegenüber dem gesetzlichen Rücktritt keine so weit gehenden Besonderheiten aufweise, dass eine Doppelregelung erforderlich und gerechtfertigt sei. Eine doppelte Regelung führe im Übrigen zu unangenehmen Abgrenzungsproblemen. Daher sei es eine reine Frage der Regelungstechnik, ob man vom gesetzlichen auf das vertragliche Rücktrittsrecht verweise oder umgekehrt verfahre[243].

II. Die Bedeutung des § 327 S. 2 a. F.

Die Haftung des Rückgewährschuldners für das Sachschicksal der empfangenen Sache war in den § 327 S. 2 a. F. einerseits und §§ 347 a. F. i. V. m. 987 ff. andererseits unterschiedlich geregelt, je nach dem ob der Rückgewährschuldner den Rücktrittsgrund zu vertreten hatte oder nicht. Erfolgte der Rücktritt wegen eines Umstandes, den der Rücktrittsgegner nicht zu vertreten hatte, so haftete er privilegiert nach § 327 S. 2 a. F. Seine Restitutionspflicht bezüglich der empfangenen Sache maß sich nach den Vorschriften der unbe-

---

[242] Vgl. *Huber*, in: Gutachten und Vorschläge, S. 845; *Leser*, Rücktritt, S. 284.

[243] *Huber*, in: Gutachten und Vorschläge, S. 844 f.: Seiner Ansicht nach soll an der Technik des geltenden Rechts festgehalten werden, da anderenfalls umfangreichere Eingriffe erforderlich wären; vgl. *Lorenz*, in: Schulze/Schulte-Nölke, Schuldrechtsreform, S. 341 f.

rechtigten Bereicherung - also mit dem Privileg des Einwands des Wegfalls der Bereicherung (§ 818 Abs. 3)[244].

III. Der Anwendungsbereich des § 327 S. 2 BGB a. F.

1. Die grundlegenden Auslegungsprobleme

Die Vorschrift des § 327 S. 2 a. F. regelte nach ihrem deutlichen Wortlaut nur den Fall, in dem der Rücktritt wegen eines Umstandes erfolgte, den „der andere Teil" nicht zu vertreten hatte. Aber daraus ergab sich offensichtlich kein vernünftiger Sinn, denn in den Fällen der §§ 325, 326 a. F., auf die sich § 327 S. 2 a. F. systematisch bezog, hatte der Rücktrittsgegner den Rücktrittsgrund immer zu vertreten. Daher war § 327 S. 2 a. F. bei wörtlicher Auslegung praktisch leer laufend[245]. Dagegen wurde die Haftungsprivilegierung des § 327 S. 2 a. F. zugunsten des Rücktrittsgegners für notwendig erachtet für die seltenen Ausnahmefälle, in denen es unumgänglich schien, einer Partei auch bei schuldloser vertraglichen Pflichtverletzung ein Rücktrittsrecht zu gewähren[246]. Wegen der geringeren praktischen Bedeutung dieser Ausnahmefälle wurde in der Rechtsprechung und im Schrifttum versucht, den Anwendungsbereich des recht unklar formulierten § 327 S. 2 a. F. auszudehnen. Hierzu stellte man sich bezüglich des Anwendungsbereichs die Frage, inwieweit die Wertung des § 327 S. 2 a. F. entgegen dem Wortlaut der Vorschrift auch auf den Rücktrittsberechtigten anwendbar und ferner, ob § 327 S. 2 a. F. auch auf die Wandelung und das vertragliche Rücktrittsrecht ausdehnbar war[247].

---

[244] Vgl. *Glaß*, Rücktritt, S. 86 f.; *Leser*, Rücktritt, 1975, S. 204 f.; *Huber*, in: Gutachten und Vorschläge, S. 845; Diskussionsentwurf, S. 220.

[245] Diskussionsentwurf, S. 220; vgl. Prot. I, S. 1137 f.; Motive Bd. II, S. 211; *Jakobs/ Schubert*, Die Beratung des BGB I, S. 272 f.: Nach der ursprünglichen Konzeption des BGB wurde der gesetzliche Rücktritt als eine dem Schadensersatz ähnliche Sanktion begriffen, weshalb es auch nahe lag, den Rücktritt von einem Verschulden des Rücktrittsgegners abhängig zu machen.

[246] Vgl. MünchKom/*Emmerich*, 2001, § 327, Rn. 3 f.; Soergel/*Wiedemann*, § 327, Rn. 4 f.: § 636 Abs. 1 S. 1 Hs. 2 a. F., § 376 Abs. 1 HGB.

[247] Vgl. *Glaß*, Rücktritt, S. 86 f.; *Leser*, Rücktritt, 1975, S. 204 f.; Diskussionsentwurf, S. 220; *Huber*, in: Gutachten und Vorschläge, S. 845; MünchKom/*Emmerich*, 2001, § 327, Rn. 3 f.; Soergel/*Wiedemann*, § 327, Rn. 4 f.

2. Bisherige Rechtsprechung zu § 327 S. 2 BGB a. F.

Die Rechtsprechung vertrat im Hinblick auf eine Privilegierung des Rücktrittsberechtigten die Ansicht, dass § 327 S. 2 a. F. sich nicht nur auf den Rücktrittsgegner, sondern auch auf den Rücktrittsberechtigten, der den Rücktrittsgrund nicht zu vertreten habe, bezieht. Die Vorschrift des § 327 S. 2 a. F. beruhte auf dem allgemeinen Rechtsgedanken, die Haftung desjenigen, der den Rücktrittsgrund nicht zu vertreten hat, auf die noch vorhandene Bereicherung zu beschränken[248]. Diese Erweiterung des Anwendungsbereichs des § 327 S. 2 a. F. wurde auch in anderen Rechtsprechungsfällen damit begründet, dass eine Vorschrift, die eine recht zentrale Stellung im Allgemeinen Schuldrecht einnehme, sich nicht im wesentlichen auf nur einen einzigen Anwendungsfall des Besonderen Schuldrechts beziehen könne[249].

Als Ausgangspunkt dieser Rechtsprechung werden regelmäßig zwei Entscheidungen des RG aus dem Jahr 1927 genannt[250]. In diesen beiden Fällen ließ das RG offen, ob die Rückgewährpflicht nach den §§ 346 a. F. oder nach Bereicherungsgrundsätzen zu beurteilen war. Erst in einer Entscheidung des Reichsgerichts aus dem Jahr 1930 wurde die Haftungsmilderung als ein allgemeiner Grundsatz auf den rücktrittsberechtigten Gläubiger angewendet[251]. Dabei hat das RG grundsätzlich unter Berufung auf die Entstehungsgeschichte des § 327 S.

---

248 BGH 1986, JZ 1987, 675, 676; BGHZ 6, 227, 230; 53, 144, 148; *Wolf*, AcP 153, 97, 98; Diskussionsentwurf, S. 220; *Huber*, in: Gutachten und Vorschläge, S. 845.

249 RGZ 130, 119, 123; BGHZ 53, 144, 148; BGHZ 57, 137; JZ 1987, 675 f.; OLGZ 1970, 454, 455; OLGZ 1980, 210, 211 f.; vgl. auch RGZ 116, 377, 380; BGHZ 6, 227, 230; BGHZ 89, 126, 134; MDR 1972, 238 f.; BGH, NJW 1992, 1965; *Medicus*, JuS 1990, 689, 692; JZ 1953, 392, 393; JZ 1953, 67.

250 RGZ 116, 377 ff.; RG, JW 1928, 57 ff.: Es handelt sich um den Umfang der Rückgewährpflicht des Rücktrittsgegners beim Rücktritt, der dem Reich nach § 3 der Verordnung über Aussetzung von Zahlung auf Sachlieferungen vom 29. Okt. 1932 (RGBl II, 406) zusteht. In beiden Entscheidungen hatte das RG vertreten: „Will man im § 327 S. 2 nicht den Ausfluss eines allgemeinen Rechtsgedankens finden, so ist doch die entsprechende Anwendung dieser Vorschrift in Fällen ähnlicher Art, d. h. dann gerechtfertigt, wenn der Rücktritt nicht durch ein Verschulden oder einen vom Rückgewährpflichtigen zu vertretenden sonstigen Umstand veranlasst ist“. In beiden Fällen mussten die Rücktrittsgegner die bereits empfangene Sache nur nach dem Bereicherungsmaßstab aus § 327 S. 2 zurückgewähren; vgl. auch BGHZ 6, 227, 230.

251 RGZ 130, 199, 123: Es ging um einen Rücktritt auf Grund der tief greifenden Änderungen der wirtschaftlichen Verhältnisse durch Inflation; vgl. *Glaß*, Rücktritt, S. 93 f.; *Leser*, Rücktritt, S. 206 f.

2 a. F. angenommen, dass § 327 S. 2 a. F. den Zweck verfolge, die für den Schuldner aus den §§ 346 ff. a. F. resultierenden Härten zu vermeiden, wenn der Rücktritt ohne seine Schuld erfolge[252]. Nach der Begründung der Entscheidung vom RG gebe die Vorschrift des § 327 S. 2 a. F. diesen der Billigkeit entsprechenden Grundgedanken nur unvollkommen wieder, da sie den Eindruck erwecke, als beziehe sich die Vorschrift nur auf die Haftung des Rücktrittsgegners für den Fall, dass dieser den Rücktritt nicht zu vertreten habe. Man habe es bei der Redaktion des § 327 S. 2 a. F. versäumt, nicht auf den Rücktrittsgegner, sondern auf den Rücktrittsberechtigten abzustellen, wie es richtiger gewesen wäre[253]. Der BGH ist auch bei der Beurteilung des § 327 S. 2 a. F. im Wesentlichen auch dem RG gefolgt und damit ist die von Beiden einheitlich vorgenommene Interpretation des § 327 S. 2 a. F. als ständige Rechtsprechung zu bezeichnen[254].

Auf den Wandelungsberichtigten hat das Reichsgericht die Wertung des § 327 S. 2 a. F. zunächst nicht übertragen, ohne dass es sich mit der Möglichkeit einer analogen Anwendung der Vorschrift explizit befasst hätte[255]. Hingegen hat das OLG Köln in Entscheidungen die Wertung des § 327 S. 2 a. F. auch auf den wandelungsberechtigten Käufer ausgedehnt und dies letztlich damit begründet, dass die genannte Norm der Ausfluss eines allgemeinen Rechtsgedankens sei[256]. Auch der BGH hat diese Ansicht schließlich in einer Entscheidung im Jahre 1983 vertreten und dem wandelungsberechtigten Käufer das Haftungsprivileg

---

252 Vgl. Prot. I, S. 652 f.; *Glaß*, Rücktritt, S. 88 f.: z. B. Fixgeschäft.

253 RGZ 130, 119, 123.

254 BGHZ 53, 144, BGHZ 89, 126; BGH, JZ 1987, 675; BGHZ 6, 227.

255 Vgl. RGZ 145, 79 f.: Das RG ließ den Käufer, der den Wandelungsgrund nicht zu vertreten hat, gemäß §§ 346, 347 und 467 a. f. haften; *Wolf*, AcP 153, 97, 125, Fn. 148: Er meinte, es könne dahingestellt bleiben, ob das RG das Problem übersehen habe oder die Rechtsprechung zu § 327 S. 2 a. F. nicht auf die Wandelung erstrecken wollte. Das sei aber unzutreffend im Vergleich mit der früheren Entscheidung des RG

256 OLG Köln, OLGZ 1970, 454 f.; OLG Köln, OLGZ 1980, 210 f.; OLG Hamburg, VersR 1981, 138 f.: Die Anwendung von § 327 S. 2 a. F. sei nicht auf die Fälle des in den §§ 325, 326 a. F. bestimmten Rücktrittsrechts beschränkt. Der wandelungsberechtigte Käufer hafte nicht nach den strengen Vorschriften der §§ 347 S. 2 a. F., 987, sondern gemäß den Vorschriften über die ungerechtfertigte Bereicherung der §§ 327 S. 2 a. F., 818 Abs. 2 i. V. m. § 818 Abs. 1 auf die Herausgabe von Nutzungen, die der wandelungsberechtigte Käufer vor Kenntnis vom Wandelungsgrund gezogen habe; zustimmend. BGH, NJW 1992, 1965 f.; OLG Nürnberg, MDR 1972, 238 f.: Der Rücktrittsberechtigte haftet wahlweise nach Bereicherungsrecht gemäß § 327 S. 2 a. F. oder nach Rücktrittsrecht der §§ 346 ff. a. F., je nachdem, welche Haftung milder ist.

des § 327 S. 2 a. F. zugebilligt[257]. Aber im Schrifttum war man sich ganz überwiegend darüber einig, dass jedenfalls die analoge Anwendung des § 327 S. 2 a. F. auf den Wandelungsberechtigten verfehlt sei, da § 467 S. 1 a. F. nur auf die §§ 346 ff. a. F., hingegen nicht auf das Bereicherungsrecht verweise[258] und solches Verständnis der Bestimmung zu einem rechtspolitisch nicht vertretbaren Wertungswiderspruch zu § 467 a. F. führe[259]. Zwar hat man auf Seiten der Instanzgerichte teilweise eine entsprechende Anwendung des § 327 S. 2 a. F. beim vertraglichen Rücktritt angenommen, aber eine solche Ausdehnung wurde im Schrifttum ausdrücklich abgelehnt[260].

3. Meinungsstand in der Literatur

Die früher h. M. hielt die Fassung der § 327 S. 2 a. F. für ein Redaktionsversehen, da „der andere Teil" in den Fällen der §§ 325, 326 a. F. den Rücktrittsgrund immer zu vertreten habe[261]. Daher musste nach deren Auffassung die Auslegung des § 327 S. 2 a. F. vom Gesetzeswortlaut gelöst und auf die in ihm zum Ausdruck kommende grundsätzliche Aussage abgestellt werden[262]. Vor allem folgte die früher h. M. der Rechtsprechung des RG sowie die des BGH und übernahm zum Schutz des gesetzlichen Rücktrittsberechtigten die Haftungsmilderung des § 327 S. 2 a. F.[263].

Nach der Gegenansicht war die Regelung des § 327 S. 2 a. F. dagegen lediglich wörtlich zu verstehen[264]. Zum einen führte das von der früher h. M. gefasste

---

[257] BGHZ 89, 126, 133 f.

[258] *Glaß*, Rücktritt, S. 86 ff.; *Leser*, Rücktritt, S. 204 ff.; *v. Caemmerer*, in: FS Larenz, S. 621, 629, Fn. 29; *Huber*, JZ 1987, 649, 650 ff.

[259] *Huber*, in: Gutachten und Vorschläge, S. 845.

[260] Vgl. OLG Koblenz, DRZ 1949, 112; OLG Frankfurt, NJW 1967, 2314 f.; MDR 1982, 474 = BGH, NJW 1982, 1036, MDR 1982, 141; MünchKom/*Emmerich*, 2001, § 327, Rn. 4; Soergel/*Wiedemann*, § 327, Rn. 6; abw. OLG Frankfurt, NJW 1967, 984.

[261] *Heck*, Schuldrecht, S. 156; *Glaß*, Rücktritt, S. 86 f.; *Huber*, in: Gutachten und Vorschläge, S. 845 f.: Die Redaktionskommission hat wohl die Parteien verwechselt. Der eigentliche Gedanke ist der, dass die in § 347 a. F. angeordnete Haftung für den gesetzlichen Rücktrittsberechtigten zu scharf ist.

[262] Diskussionsentwurf, S. 220; *Huber*, in: Gutachten und Vorschläge, S. 845: Daher ist „der andere Teil" in § 327 S. 2 a. F. in Wirklichkeit als der rücktrittsberechtigte Gläubiger zu sehen.

[263] *Leser*, Rücktritt, S. 206.

[264] *Glaß*, Rücktritt, S. 86 f.; *Larenz*, Schuldrecht, § 22 II a) f., S. 336 f.; *Leser*, Rücktritt,

Verständnis des § 327 S. 2 a. F. zu einem rechtspolitisch nicht vertretbaren Wertungswiderspruch zu § 467 a. F., da der Wandelungsberechtigte nicht nur nach Bereicherungsgrundsätzen, sondern nach den schärferen Bestimmungen der §§ 347, 351 a. F. haftete, obwohl er die Leistungsstörung nicht zu vertreten hatte. Daraus ergab sich die Frage, wieso der rücktrittsberechtigte Gläubiger besser stehen sollte als der Wandelungsberechtigte[265]. Zum anderen sollte der auf § 279 S. 2 E II zurückgegangene § 327 S. 2 a. F. nach seiner Entstehungsgeschichte nur für den Rücktrittsgegner gelten[266]. Danach war er vor allem für den Fall konzipiert worden, damit der Schuldner beim Fixgeschäft die Verzögerung der Leistung nicht zu vertreten hatte. Daher konnte aus dem deutlichen Wortlaut und der Entstehungsgeschichte des § 327 S. 2 a. F. von der Haftung des zurücktretenden Gläubigers keine Rede sein[267]. Schließlich war die über die analoge Anwendung des § 327 S. 2 a. F. erreichte einseitige Privilegierung des Rücktritts- oder Wandelungsberechtigten auch systemwidrig und die Interessen des Rücktrittsberechtigten wurden in den von § 327 S. 2 a. F. erfassten Fällen schon dadurch hinreichend berücksichtigt, dass dieser sich überhaupt vom Vertrag lösen durfte, ohne ein schuldhaftes Verhalten des Rücktrittsgegners vorauszusetzen[268].

IV. Gesetzestechnisches Problem

Nach dem in §§ 325, 326 i. V. mit § 285 a. F. festgeschriebenen Grundsatz konnte der Gläubiger nur dann zurücktreten, wenn der Schuldner die Nichterfüllung zu vertreten hatte. Aber dieses Erfordernis zum Rücktritt vom Vertrag

---

S. 207 f.; *Weitnauer*, NJW 1970, 637, 639; *v. Caemmerer*, in: FS Larenz, S. 621, 629; MünchKom/*Emmerich*, 2001, § 327, Rn. 3 f.; Soergel/*Wiedemann*, § 327, Rn. 34.

265 *Huber*, in: Gutachten und Vorschläge, S. 845; *ders.*, JZ 1987, 649, 650.

266 Vgl. *Glaß*, Rücktritt, S. 86 f.; *Leser*, Rücktritt, S. 207 f.; *Kaiser*, Rückabwicklung, S. 514 f.; § 279 S. 2 E II: „Erfolgt der Rücktritt wegen eines von dem anderen Teile nicht zu vertretenden Umstandes, so haftet dieser Teil nur nach den Grundsätzen über die Herausgabe einer ungerechtfertigten Bereicherung."

267 *Glaß*, Rücktritt, S. 88 f.; *Leser*, Rücktritt, S. 207 f.

268 *Kaiser*, Rückabwicklung, S. 516 f.; vgl. *Kohler*, Rückabwicklung, S. 264; *ders.*, WM 1993, 45, 49: Der Gesetzgeber hat dem Gläubiger mit dem Rücktrittsrecht in § 325 Abs. 1 S. 2 a. F. und dem Recht zur Abstandnahme vom Vertrag nach § 325 Abs. 1 S. 3 a. F. die Wahl zwischen der Rückabwicklung des Vertrags nach Rücktritts- oder Bereicherungsvorschriften gegeben, nicht aber das Recht zur einseitig ihn begünstigenden typengemischten Rückabwicklung nach Bereicherungsrecht zum einen und nach Rücktrittsrecht zum anderen.

ist im Vergleich mit anderen Ausnahmenfällen nicht sinnvoll[269]. Der Gläubiger muss auch dann zurücktreten können, wenn dem Schuldner aus den Gründen, die er nicht zu vertreten hat, die Erbringung der geschuldeten Leistung zur Zeit unmöglich ist[270]. Im Hinblick auf die Zielsetzung des Gesetzgebers „Einfachheit und Klarheit" war auch problematisch, dass die §§ 346 ff. a. F. unmittelbar nur auf das vertragliche Rücktrittsrecht anwendbar waren und die praktisch viel bedeutsameren gesetzlichen Rücktritts- und Wandelungsrechte lediglich durch Verweisungen in §§ 327 S. 1, 467 und 634 Abs. 4 a. F. geregelt waren, insbesondere hinsichtlich dessen, dass die Hauptbedeutung der Rücktrittsvorschriften im Bereich der gesetzlichen Rücktrittsrechte und vor allem der Wandelung lag[271]. Ferner bezweckte die Verweisung in § 327 S. 1 a. F. nicht lediglich eine gesetztechnische Vereinfachung, sondern bewusst die Gleichstellung von den vertraglichen und gesetzlichen Rückgewährschuldverhältnissen[272]. Daher hat diese Regelungsweise seit jeher im Anwendungsbereich durch Verweisungen zu Unsicherheiten und Unklarheiten geführt[273].

D. Gleichbehandlung nach neuem BGB

I. Gleichbehandlung zwischen den beiden Rücktrittsgründen

Nach § 346 Abs. 1 gelten die Rücktrittsvorschriften unmittelbar nicht nur für vertraglich vorbehaltene, sondern auch gesetzliche Rücktrittsrechte. Die Verweisungsvorschrift des § 327 S. 1 a. F. ist als überflüssig gestrichen worden. Infolge des Verzichts auf das Erfordernis des Vertretenmüssens beim Rücktrittsrecht ist der bisher als ein Sonderfall des gesetzlichen Rücktritts behandelte Anspruch auf Wandelung gem. §§ 437 Nr. 2, 634 Nr. 3 in das Rücktrittsrecht integriert

---

269 Vgl. beim Fixgeschäft (§ 361 a. F.), Wandelungsrecht (§ 462 a. F.), verspätete Herstellung (§ 636 Abs. 1 S. 2 a. F.), auch Art. 45 f., 61 f. in UN-Kaufrecht; Abschlussbericht, S. 19.

270 *Huber*, in: Gutachten und Vorschläge, S. 702 f.; Abschlussbericht, S. 19; *Canaris*, Schuldrechtsreform, Einl., XVII: Diese Lösung liegt auf den Linie der internationalen Entwicklung. Außerdem entspricht sie den Geboten sowohl der Vertragsbindung als auch der Vertragsgerechtigkeit.

271 *Huber*, in: Gutachten und Vorschläge, S. 844 f.

272 Soergel/*Wiedemann*, § 327, Rn. 3; *Huber*, in: Gutachten und Vorschläge, S. 844 f.; vgl. oben C I.

273 Vgl. *Lorenz*, Schuldrecht, Rn. 413; *Kohler*, JZ 2001, 325, 326 f.

worden. Auch im Hinblick auf die Entstehungsgeschichte beruhen die Rückabwicklungsregeln der §§ 346 ff. a. F. und insbesondere die §§ 350 ff. a. F. gerade auf der *actio redhibitoria*, also auf der Wandelung und nicht auf den vertraglichen Rücktrittsrechten. Demnach unterscheiden sich vertraglich vorbehaltene von gesetzlichen Rücktritts- oder Wandelungsrechten hinsichtlich ihres Entstehungsgrundes nur theoretisch[274].

Die Idee, im BGB eine unmittelbar für alle Rücktrittsrechte geltende Regelung einzuführen, nahm erst im Laufe des Reformverfahrens konkrete Gestalt an. *Huber* sah in seinem Gutachten über das Leistungsstörungsrecht noch keinen Anlass, von der in BGB a. F. bewährten Normierungssystematik abzuweichen[275]. Seiner Ansicht nach ist an der Form der Rücktrittsregelung festzuhalten, da es zwischen gesetzlichem Rücktritt und vertraglich vorbehaltenem Rücktritt schwer zu klassifizierende Übergangsfälle, wie das Fixgeschäft oder den Kauf unter Eigentumsvorbehalt, gibt, deren Zuordnung zum einen oder anderen Bereich keine materiellrechtlichen Konsequenzen nach sich ziehen dürfen[276]. Der Reformgesetzgeber ist diesem Vorschlag aber entgegengetreten, indem er mit § 346 Abs. 1 eine Regelung geschaffen hat, die gleichermaßen auf den vertraglichen und auf den gesetzlichen Rücktritt unmittelbare Anwendung findet. Mit der unmittelbaren Anwendbarkeit will er bei einer entsprechenden Anwendung drohende Unklarheiten und Unsicherheiten vermeiden[277].

II. Meinungsstand in der Behandlung der verschiedenen Rücktrittsgründe

1. Notwendigkeit der Differenzierung zwischen beiden Rücktrittsgründen

Einige Auffassungen sahen die Kernproblematik der §§ 346 ff. a. F. darin, dass vertraglicher und gesetzlicher Rücktritt in ihren Rechtsfolgen einheitlich behandelt wurden. Diese Pauschalisierung der Rechtsfolgen des Rücktritts, unabhängig von der Art seiner Entstehung, habe zu Problemen bei der Gesetzesauslegung und der sich daran anschließenden Diskussion in der Rechtslehre

---

274 *Hager*, in: Ernst/Zimmermann 2001, S. 429; Staudinger/*Kaiser*, 2001, § 351, Rn. 34; *dies.*, JZ 2001, 1057, 1065.

275 *Huber*, in: Gutachten und Vorschläge, S. 855.

276 Vgl. *Huber*, in: Gutachten und Vorschläge, S. 696.

277 Abschlussbericht, S. 184; Diskussionsentwurf, S. 225; *Kohler*, JZ 2001, 325 f.

geführt[278]. Bezüglich der Entstehung des Rückgewährschuldverhältnisses ist die Rechtsgrundlage für das Rückgewährschuldverhältnis bei einem vertraglichen Rücktrittsrecht der Vertrag selbst, in dem die Parteien unter bestimmten Voraussetzungen ein Rücktrittsrecht vereinbart haben. Für die Begründung dieses Rückgewährschuldverhältnisses ist daher die Parteienvereinbarung maßgebend. Dagegen beruht beim gesetzlichen Rücktrittsrecht die Entstehung des Rückgewährschuldverhältnisses darauf, dass das Gesetz eine Rückabwicklung des Vertrages vorsieht, wenn die entsprechenden Voraussetzungen erfüllt sind und der Berechtigte sich für einen Rücktritt entscheidet. Also bildet das Gesetz selbst die Rechtsgrundlage für das Entstehen des Rückgewährschuldverhältnisses und gibt dem Berechtigten unter den erfüllten gesetzlichen Voraussetzungen ein Recht zum Rücktritt[279].

Auch die Verweisungsregel des § 327 S. 1 a. F. ergab schwierige Fragen, da die Interessenlage zwischen beiden Rücktrittsrechten grundverschieden ist. Während bei vertraglichem Rücktrittsrecht im Regelfall beide Beteiligten jederzeit mit der Ausübung des Rücktrittsrechts rechnen und sich deshalb auf ihre mögliche Rückgewährpflicht einstellen müssen, weiß der Gläubiger beim gesetzlichen Rücktrittsrecht zunächst nichts von seinem Rücktrittsrecht und braucht sich deshalb auch nicht darauf einzurichten[280]. Zwar sei schon sehr früh die gesetzliche Gleichbehandlung von vertraglichem und gesetzlichem Rücktritt kritisiert und mit dem Ruf nach einer Differenzierung verbunden worden[281], jedoch habe diese Kritik zu keinen praktischen Schlussfolgerungen geführt, da

---

[278] *Schlechtriem*, Schuldrecht, S. 222 f.; *Esser/Schmidt*, Schuldrecht, Teil-Bd. I, § 19 I ff.; *Sickinger*, Gefahrtragung, S. 4; vgl. *Kohler*, Rückabwicklung, S. 46 f., 419 f.

[279] Vgl. *Sickinger*, Gefahrtragung, S. 139 f.; MünchKom/*Janßen*, 2001, § 347, Rn. 6; Jauernig/*Vollkommer*, 1999, § 347, Rn. 1, 2.

[280] Vgl. *Schlechtriem*, Schuldrecht, S. 224; *Kaiser*, Rückabwicklung, S. 255 f.; Diskussionsentwurf, S. 221; *Leser*, Rücktritt, S. 180 ff.; *Emmerich*, Recht der Leistungsstörungen, S. 110; Die Verallgemeinerung des Gedankens, dass der gesetzliche Rücktrittsberechtigte generell nichts von gesetzlich gewährten Vertragsaufhebungsrechten weiß, ist jedoch nicht rechtsfertig.

[281] *Cretschmar*, AcP 82, 107, 140; *Kohler*, JZ 2001, 325, 326 f.: Seiner Ansicht nach verdunkelt die einheitliche Rücktrittsregelung im Hinblick auf die Darstellungsweise inhaltlich Unterschiede und zugleich Gemeinsamkeiten der leitenden Prinzipien, nach denen die Rechtsfolgen von vertraglichem und gesetzlichem Rücktritt zu ordnen sind. Er sieht diesen Nachteil im Wesentlichen als Folge der Einheitslösung der Rechtsfolgenregelung unmittelbar im Rücktrittsrecht selbst an, indem sie den normativ sinnfällig zu machenden Zusammenhang der rücktrittsrechtlichen Rückabwicklung mit anderen Rückabwicklungsverhältnissen des BGB abschneidet.

die Literatur und Rechtsprechung bei der Rechtsanwendung der §§ 346 ff. a. F. keine grundlegende Unterscheidung zwischen vertraglichem und gesetzlichem Rücktritt vorgenommen habe. Daher sollten beide Rücktrittsrechte im Hinblick auf die Rechtsfolge dieser Ausübung, die Entstehung und vor allem die Ausgestaltung des Rückgewährschuldverhältnisses unterschiedlich behandelt werden[282].

2. Unbilligkeit bei der Abgrenzung zwischen beiden Rücktrittsgründen

Neben der Differenzierung zwischen beiden Rücktrittsgründen stellt sich die grundlegende Frage, ob die Unterscheidung zwischen beiden Rücktrittsgründen den entscheidenden Punkt trifft[283]. Aus der unterschiedlichen Behandlung zwischen beiden Rücktrittsrechten ergeben sich oft die folgenden schwierigen Abgrenzungsprobleme. Beim Kauf unter Eigentumsvorbehalt scheint es als kaum gerechtfertigt, unterschiedliche Rechtsfolgen eintreten zu lassen, je nachdem ob man das in § 455 a. F. geregelte Rücktrittsrecht als „gesetzliches“ oder „vertragliches“ Rücktritt qualifiziert[284]. Anders als bei einem auf § 326 a. F. gestützten Rücktritt richten sich die Rechtsfolgen bei einem Rücktritt des Vorbehaltsverkäufers gem. § 455 Abs. 1 a. F. nach der Entscheidung des BGH direkt nach den §§ 346 ff. a. F., da es sich um ein vertraglich vorbehaltenes Rücktrittsrecht handelt[285]. Damit haftete der Vorbehaltskäufer nach § 347 S. 2 auf Ersatz gezogener Nutzungen sowie solcher, die er zwar nicht gezogen hat, aber nach den Regeln einer ordnungsgemäßen Wirtschaft hätte ziehen können, soweit ihm Verschulden zur Last fällt. Nach der Ansicht von *Hager* überzeugt solches Ergebnis jedoch nicht[286]. Denn die Haftung des Vorbehaltskäufers als Rücktrittsgegner richte sich jedenfalls nach h. M. und eben nach der Rechtsprechung nach den allgemeinen Regeln des § 347 a. F.; von einer Privilegierung durch analoge Anwendung des § 327 a. F. sei von vornherein nicht die

---

[282] *Sickinger*, Gefahrtragung, S. 4 f.; vgl. krit. auch. *Kohler*, JZ 2001, 325, 326 f.

[283] *Hager*, in: Ernst/Zimmermann, Schuldrechtsreform, S. 431 f.

[284] *Huber*, in: Gutachten und Vorschläge, S. 844 f.

[285] BGH, NJW 1984, 2937 f.; Jauernig/*Vollkommer*, 1999, § 327 Rn. 1, § 455, Rn. 10; MünchKom/*Emmerich*, 2001, § 327, Rn. 3; Staudinger/*Otto*, 2001, § 327, Rn. 1; vgl. *Huber*, in: Gutachten und Vorschläge, S. 844 f.

[286] *Hager*, in: Ernst/Zimmermann, Schuldrechtsreform, S. 432: Diese These aber sei wenig überzeugend und werde auch gar nicht durchgehalten. Schon der BGH habe die Personen durcheinander gebracht.

Rede[287]. Vor allem vertrage sich die Begründung vom BGH nicht mit der von ihm getroffenen Unterscheidung. Die strenge Haftung beruhe auf dem Gedanken, dass der Rücktrittsgegner wegen des vertraglichen Rücktrittsvorbehalts mit dem Rücktritt rechnen und sich darauf einstellen könne[288]. Das sei aber kein signifikanter Unterschied zum gesetzlichen Rücktritt nach § 326 a. F., denn die beiden Rücktrittsrechte des § 455 a. F. und des § 326 Abs. 1 S. 2 HS. 1 Fall 2 a. F. unterschieden sich lediglich dadurch, dass es beim Vorbehaltsverkauf der Fristsetzung mit Ablehnungsandrohung nicht bedürfe, sondern bloßer Verzug genüge. Für eine Privilegierung des Rücktrittsgegners bestehe unter diesem Aspekt kein Anlass[289].

Auch enthielt § 361 a. F., anders als dessen Parallelnorm des § 376 Abs. 1 S. 1 HGB, eine Auslegungsregel und war folglich als vertragliches Rücktrittsrecht anzusehen. Aber jetzt ist die identische Normierung in § 323 Abs. 2 Nr. 2 als Fall eines gesetzlichen Rücktrittsrechts anzusehen, da die Norm nicht nur wie § 361 a. F. im Zweifel eingreift[290]. Also wirkt das Entscheidungskriterium für die Einordnung als vertragliches oder gesetzliches Rücktrittsrecht unklar und wenig einleuchtend[291].

Auch, ob das Rücktrittsrecht auf Vertrag oder Gesetz beruht, ist schwer zu entscheiden. Vertraglich vorbehaltene und gesetzliche Rücktrittsrechte unterscheiden sich nur theoretisch[292], da durch die gesetzlichen Regelungen die Parteivereinbarung nur ergänzt und die typischen Parteiwillen festgelegt werden; d. h. das Gesetz nimmt den Parteien insoweit nur die Notwendigkeit ab, ihre Reaktion auf Leistungsstörungen ausdrücklich zu regeln[293]. Vor allem um

---

[287] BGH, NJW-RR 1993, 626, 627; MünchKom/*Janßen*, 2001, § 347, Rn. 16, 18.

[288] Vgl. BGH, NJW 1984, 2937, 2938.

[289] BGH, NJW 1984, 2937 f.; NJW-RR 1995, 365, 366; *Hager*, in: Ernst/Zimmermann, Schuldrechtsreform, S. 433.

[290] BT-Drucks., 14/6040, S. 185.; Diskussionsentwurf, S. 401; Abschlussbericht, S. 168; *Kaiser*, JZ 2001, 1057, 1065 f.; *Lorenz*, in: Schulze/Schulte-Nölke, Schuldrechtsreform, S. 341.

[291] Vgl. *Hager*, in: Ernst/Zimmermann, Schuldrechtsreform, S. 433; *ders.*, in: Dauner-Lieb/Heidel/Lepa/Ring, Schuldrecht, § 5, Rn. 15.

[292] *Hager*, in: Dauner-Lieb/Heidel/Lepa/Ring, Schuldrecht, § 5, Rn. 15; *ders.*, in: Ernst /Zimmermann, Schuldrechtsreform, 429, 436; vgl. *Kaiser*, JZ 2001, 1057, 1065 f.

[293] *Kaiser*, JZ 2001, 1057, 1065: Der im Rechtsverkehr Erfahrene weiß um die gesetzlichen Rücktrittsrechte - nicht anders, als wenn er sie vereinbart hätte; Soergel/ *Wiedemann*, § 327, Rn. 2: Er hat schon die Verweisungsregel des § 327 S. 2 a. F. als eine bewusste Gleichstellung zwischen beiden Rücktrittsrechten angesehen.

das vom Reformgesetzgeber bezweckte Ziel - „Einfachheit und Klarheit“ zu erreichen, müssen vertragliche und gesetzliche Rücktrittsrechte gleich behandelt werden[294].

III. Die Unabhängigkeit vom Erfordernis des Vertretenmüssens

Gem. §§ 323, 324 kann der Gläubiger vom Vertrag zurücktreten, auch wenn der Schuldner seine Vertragspflicht nicht verletzt hat. Dadurch, dass der Rücktritt nur objektiv eine Pflichtverletzung, nicht aber subjektiv ein Vertretenmüssen des Schuldners vorausgesetzt, ist besser geregelt als in §§ 325, 326 i. V. mit 285 a. F.[295]. Diese Lösung liegt auf der Linie der internationalen Entwicklung, wie sie sich insbesondere im UN-Kaufrecht, den UNIDROIT - Principles und den European Principles der Landokommission manifestiert. Vor allem entspricht sie den Geboten sowohl der Vertragsbindung als auch der Vertragsgerechtigkeit; denn wer selbst nicht zu leisten bereit oder in der Lage sei, dürfe nicht erwarten, dass der andere Teil an dem - für ihn lästig oder sogar wertlos gewordenen - Vertrag festgehalten werde, sondern müsse das Risiko einer Auflösung des Vertrages tragen[296].

IV. Das Verständnis des § 346 Abs. 3 S. 1 Nr. 3

1. Die Bedeutung des § 346 Abs. 3 S. 1 Nr. 3

§ 346 Abs. 3 S. 1 Nr. 3 enthält eine rechtspolitisch umstrittene Privilegierung für den gesetzlich zum Rücktritt Berechtigten. Trotz der Unmöglichkeit der Rückgewähr schuldet dieser keinen Wertersatz, wenn er dabei die eigenübliche Sorgfalt gewahrt hat. Nach dem deutlichen Wortlaut gilt die Privilegierung des § 346 Abs. 3 S. 1 Nr. 3 nur für gesetzliche Rücktrittsrechte und zugunsten des Rücktrittsberechtigten. Diese Regelung beruht auf folgendem Gedanken; wer nicht ordnungsgemäß leiste, dürfe nicht darauf vertrauen, dass der Gefahr-

---

294 RegBegr., zu § 346 Abs. 1; *Canaris*, Schuldrechtsreform, S. 777 f.; vgl. *Hager*, in: Ernst/Zimmermann, Schuldrechtsreform, S. 430 f.; schon. Motive Bd. II, S. 280.

295 *Kaiser*, Rückabwicklung, S. 519 f.; *dies.*, in: Westermann, Schuldrecht, S. 186 f.

296 *Canaris*, Schuldrechtsreform, Einl., XVII; vgl. *Huber*, in: Gutachten und Vorschläge, S. 702 f.

übergang auf den anderen Teil endgültig sei[297]. Nach bisher h. M. sei die strenge Schadensersatzhaftung der §§ 347 S. 1, 989 i. V. mit § 276 a. F. bei vertraglichen Rücktrittsrechten gerechtfertigt, da die Vertragspartner wegen des Rücktrittsvorbehalts ab Empfang der Leistungen mit dem Rücktritt und damit auch mit der Rückgewährpflicht rechnen mussten. Auch der Rücktrittsgegner sollte nach überwiegender Auffassung von Empfang der Sache an nach §§ 347 S. 1, 989 i. V. mit § 276 a. F. haften, weil er den Rücktritt zu vertreten habe bzw. als Verursacher des Rücktrittsgrundes mit der Rückgewährpflicht rechnen müsse. Hingegen solle der gesetzlich zum Rücktritt Berechtigte erst ab Kenntnis vom Rücktrittsgrund für jede fahrlässige Beschädigung der Sache i. S. des § 276 a. F. einstehen müssen[298]. Vor Kenntnis vom Rücktrittsgrund wurde der Rücktrittsberechtigte entweder dadurch privilegiert, dass man ihn analog § 327 S. 2 a. F. nach Bereicherungsrecht haften und so in den Genuss des Entreicherungseinwandes aus § 818 Abs. 3 kommen ließ, oder dadurch, dass man den Sorgfaltsmaßstab auf die Missachtung der Sorgfalt in eigenen Angelegenheiten herabsetzte[299]. Für das Privileg des gesetzlichen Rücktrittsberechtigten hat der Reformgesetzgeber die letztere Auffassung in das § 346 Abs. 3 S. 1 Nr. 3 aufgenommen[300].

2. Teleologische Reduktion für den schuldlosen Rücktrittsgegner

Entgegen dem deutlichen Wortlaut des § 346 Abs. 3 S. 1 Nr. 3 stellt sich die Frage, ob das Privileg unter bestimmten Voraussetzungen auch für den gesetzlichen Rücktrittsgegner anwendbar ist. Im systematischen Gesichtspunkt spielt die ursprüngliche Parteirolle keine Rolle mehr, soweit es um eine Pflichtverletzung im Rückgewährschuldverhältnis geht. Denn nach der Rücktrittserklärung stünden die Vertragspartner einander als Rückgewährschuldner gegenüber, an die die gleichen Sorgfaltsanforderungen zu stellen seien[301]. § 346 Abs. 3 S. 1 Nr.

---

[297] BT-Drucks., 14/6040, S. 196.

[298] Abschlussbericht, S. 187; BT-Drucks., 14/6040, S. 195; WM 1993, 1155, 1156; BGH, NJW 1983, 2024, 2025; BGH, NJW 1984, 2937, 2938; *Faust*, Schuldrechtsmodernisierung, § 10, Rn. 34 f.; Staudinger/*Kaiser*, § 346, Rn. 180 f.; *dies.*, JZ 2001, 1057, 1062 f.

[299] Vgl. ausführlich oben C III.

[300] Vgl. Abschlussbericht, S. 187; BT-Drucks., 14/6040, S. 195.

[301] Vgl. *Kaiser*, JZ 2001, 1057, 1064; krit. *Lorenz*, in: Schulze/Schulte-Nölke, Schuldrechtsreform, S. 329, 345; *Kohler*, JZ 2001, 325, 332: *Kaiser* ist der Meinung, dass der Regierungsentwurf systemwidrig die Verantwortlichkeit für die Leistungsstörung in das Rückgewährschuldverhältnis übergetragen hat.

3 soll auch im Gesichtspunkt auf die Entstehungsgeschichte teleologisch reduziert werden. Denn § 346 Abs. 3 S. 1 Nr. 3 beruht auf § 327 S. 2 a. F., wonach derjenige milder hafte, der den Rücktrittsgrund nicht zu vertreten hat[302]. Dementsprechend geht der Gesetzgeber auch beim gesetzlichen Rücktrittsrecht davon aus, dass der Rücktrittsgegner seine Pflichten nicht vollständig erfüllt habe bzw. dass er nicht ordnungsgemäß geleistet habe[303]. Anders als eine solche Hypothese gibt es aber einige Situationen, in denen der Rücktrittsgegner beim gesetzlichen Rücktrittsrecht für den Rücktrittsgrund nicht verantwortlich ist, wie im Fall des Wegfalls der Geschäftsgrundlage gem. § 313 Abs. 3 S. 1 oder im Fall des Widerrufsrechts des Verbrauchers aus §§ 355 ff. Ebensowenig hat der Rücktrittsgegner den Rücktrittsgrund i. S. des § 323 Abs. 1, 2 zu vertreten, wenn er nur deswegen nicht oder nicht fristgerecht leistet, weil er durch höhere Gewalt an der Lieferung gehindert wird. In solchen Fällen kann der Rücktrittsgegner sich auch auf ein Privileg berufen, wie bisher in §§ 323 Abs. 3, 327 S. 2 a. F. und § 37 S. 2 VerlG[304]. Daher muss § 346 Abs. 3 S. 1 Nr. 3 unter Berücksichtigung der eigentlichen Regelungsabsicht des Gesetzgebers auf den Rücktrittsgegner angewendet werden, wenn er den Rücktrittsgrund nicht zu vertreten hat[305].

3. Die am einseitigen Privileg des § 346 Abs. 3 S. 1 Nr. 3 geübte Kritik

Bezüglich der einseitigen Privilegierung für den gesetzlichen Rücktrittsberechtigten gem. § 346 Abs. 3 S. 1 Nr. 3 hat *Hager* auf folgende Probleme hingewiesen. Zum einen bedarf es trotz der einheitlichen Lösung der beiden Rücktrittsrechte gem. § 346 Abs. 1 wieder einer exakten, wertungsmäßig aber kaum begründbaren Abgrenzung des vertraglichen vom gesetzlichen Rücktrittsgrund. Zum anderen, geht die Begründung zwar davon aus, dass eine schärfere Haftung mit der Kenntnis einsetzt[306], aber nach dem deutlichen Wortlaut des §

---

[302] Vgl. ausführlich oben C III.

[303] *Kaiser*, JZ 2001, 1057, 1064 f.; *dies.*, in: Schuldrecht, S. 204; *Kohler*, JZ 2001, 325, 332; *Canaris*, Schuldrechtsreform, Einl., XLV; *Kamanabrou*, NJW 2003, 30, 31 f.

[304] *Kaiser*, JZ 2001, 1057, 1064 f.; *Kamanabrou*, NJW 2003, 30, 31 f.: Nach überwiegender Auffassung schließt § 346 Abs. 3 S. 1 Nr. 3 über das Ziel hinaus und gehe zu weit. z. B. die Rücktrittsrechte des Verbrauchers gem. §§ 355, 356.

[305] *Kamanabrou*, NJW 2003, 30, 31 f.; *Kaiser*, JZ 2001, 1057, 1064 f.; *Canaris*, Schuldrechtsreform, Einl., XLV; AnwKom/*Hager*, § 346, Rn. 65; *ders.*, in: Dauner-Lieb/ Heidel /Lepa/Ring, Schuldrecht, § 5, Rn. 34.

[306] Vgl. Abschlussbericht, S. 187.

346 Abs. 3 S. 1 Nr. 3 spielt die Kenntnisnahme vom Rücktrittsgrund keine Rolle[307].

E. Zwischenergebnis

§ 346 Abs. 1 regelt ein einheitliches Rücktrittsfolgenrecht, in dem der Reformgesetzgeber auf eine tatbeständliche Unterscheidung zwischen beiden Rücktrittsrechten verzichtet hat. Durch diese Regelungsweise sind die insbesondere bei gesetzlichen Rücktrittsrechten bzw. der Wandelung auftretenden Unsicherheiten und Unklarheiten erheblich beseitigt worden[308].

Die heutige Gleichbehandlung der Rechtsfolgen von vertraglichem und gesetzlichem Rücktritt ist nicht eine vom Reformgesetzgeber neu entwickelte Rechtsinstitution, sondern ist bereits im Laufe der Beratungen für die Kodifizierung des BGB a. F. entstanden. Also kam in beiden Kommissionen der Gedanke auf, allgemeine Rücktrittsvorschriften zu schaffen, die in ihren Rechtsfolgen für beide Rücktrittsrechten gleichermaßen galten. Diesen gesetzgeberischen Annahmen zufolge regelte das BGB a. F. beide Rücktrittsrechte in ihren Rechtsfolgen zwar einheitlich, aber durch die Verweisungsvorschrift des § 327 S. 1 a. F. entstanden viele Auslegungsprobleme. Diese Schwierigkeiten beruhten jedoch nicht auf der wesentlichen Unterscheidung von beiden Rücktrittsrechten, sondern auf der gesetztechnischen Methode der Vereinfachung[309].

Der Rücktrittsgegner haftete privilegiert nach § 327 S. 2 a. F., wenn er den Rücktrittsgrund nicht zu vertreten hatte. Wegen der geringeren praktischen Bedeutung des § 327 S. 2 a. F. versuchten Rechtsprechung und Schrifttum, den Anwendungsbereich auf den Rücktrittsberechtigten sowie auf die anderen Rücktrittsfälle auszudehnen. Aber ein solcher Versuch führte zum systematischen Wertungswiderspruch zu § 467 a. F. und entsprach auch der Entstehungsgeschichte des § 327 S. 2 a. F. nicht. Auf das vertragliche Rücktrittsrecht war § 327 S. 2 a. F. auch nicht anzuwenden, da die Vorschrift als eine spezielle Vorschrift für den gesetzlichen Rücktritt anzusehen war. Aus diesem Grund war der Anwendungsbereich des § 327 S. 2 nur wörtlich zu verstehen[310].

---

[307] *Hager*, in: Ernst/Zimmermann, Schuldrechtsreform, S. 436; vgl. unten Kap. 5, C, D.

[308] Oben A.

[309] Oben B, C I.

[310] Oben C.

Zwar regelt der Reformgesetzgeber in § 346 Abs. 1 für die beiden Rücktrittsrechte in ihren Voraussetzungen und Rechtsfolgen eine einheitliche Rücktrittsvorschrift, aber in § 346 Abs. 3 S. 1 Nr. 3 ergeben sich wieder die exakt gleichen Abgrenzungsprobleme. In Anbetracht der geschichtlichen Entwicklung sowie der tatsächlichen Entstehungsgrundes der beiden Rücktrittsrechte unterscheiden sie sich nur theoretisch. In Anbetracht dieses Gesichtspunkts soll das einseitige Privileg für den gesetzlichen Rücktrittsberechtigten des § 346 Abs. 3 S. 1 Nr. 3 vielmehr je danach teleologisch reduziert werden, zum einen, wer den Rücktrittsgrund zu vertreten hat, zum anderen, ab welchem Zeitpunkt der Rückgewährschuldner mit seiner Pflicht zur Rückerstattung rechnen muss bzw. musste[311].

---

311 Oben D.

Kapitel 5. Haftungskriterium und Anwendungserstreckung des § 346 Abs. 3 S. 1 Nr. 3

A. Bedeutung und Begründung der eigenüblichen Sorgfaltspflicht als Haftungskriterium

I. Bedeutung „der eigenüblichen Sorgfalt“ gem. § 277

Der Begriff der Fahrlässigkeit lässt sich dreistufig unterteilen, nach einfacher und grober Fahrlässigkeit sowie Verletzung der Sorgfalt in eigenen Angelegenheiten (*diligentia quam in suis rebus adhiberi solet*). Eine eingeschränkte Haftung der letzten zwei Stufen tritt nur ein, soweit das durch Gesetz oder Parteiabrede besonders bestimmt ist[312].

Das Gesetz sieht für eine Reihe von Rechtsverhältnissen eine Haftungsbeschränkung auf die übliche Sorgfalt vor, die der Schuldner in eigenen Angelegenheiten anzuwenden pflegt. Abweichend von § 276 bezieht sich die eigenübliche Sorgfalt in § 277 nicht auf einen objektiven bzw. typisierten, sondern auf einen rein subjektiven bzw. individuellen Fahrlässigkeitsmaßstab[313]. Es muss sich indes nach dem Wortlaut um einen in vergleichbaren eigenen Angelegenheiten betätigten minderen Grad von Sorgfalt handeln[314]. Der persönliche Schlendrian wird bis zur Grenze der groben Fahrlässigkeit berücksichtigt, aber umgekehrt befreit eine nicht zufällig eingetretene Unfähigkeit aus akuten Gründen von einer Haftung nicht, wenn auch diese Art des Fähigkeitsabfalls nicht üblich ist[315].

---

312 *Medicus*, Schuldrecht, Rn. 423 f.; Palandt/*Heinrichs*, § 277, Rn. 1.

313 Vgl. Staudinger/*Löwisch*, § 277, Rn. 1; Palandt/*Heinrichs*, § 277, Rn. 3; Jauernig/*Stadler*, § 277, Rn. 3; *Deutsch*, JuS 67, 496, 499; *ders.*, Fahrlässigkeit, S. 151, 152; *Medicus*, in: FS Odersky, S. 595 f.: Maßgebend ist das gewohnheitsmäßige Verhalten und die Gewohnheit des Rückgewährschuldners.

314 *Medicus*, Schuldrecht, Rn. 423, 425: Diese Haftungsbeschränkung wird im Übrigen kritisiert. Sie zwinge paradoxerweise den Schuldner zu dem Nachweis, dass er auch sonst ein unordentlicher Mensch sei.

315 Vgl. *Deutsch*, Fahrlässigkeit, S. 151 f.; Staudinger/*Löwisch*, § 277, Rn. 1; a. A. Palandt/*Grüneberg*, § 346, Rn. 13 b.

Die Haftungsbeschränkung auf eine konkrete Fahrlässigkeit ist vom Gesetz für sehr unterschiedliche Interessenlagen angeordnet worden[316]. Bezüglich der Haftungsbeschränkungen des gesetzlich zum Rücktritt Berechtigten nach § 346 Abs. 3 S. 1 Nr. 3 wird vor allem überlegt, dass dem Rückgewährschuldner nicht mehr Sorgfalt zugemutet werden kann, als er sie auf die eigenen Sachen zu verwenden pflegt. Denn der Rückgewährschuldner darf vor dem Kennen bzw. Kennenmüssen seines Rücktrittsrechts davon ausgeht und ausgehen darf, die Kaufsache als seine eigene Sache endgültig behalten zu können, geht die Frage nach der „im Verkehr erforderlichen Sorgfalt" i. S. v. § 276 Abs. 2 ins Leere[317].

II. Gesetzesbegründung der eigenüblichen Sorgfalt

Soweit der gesetzliche Rücktrittsberechtigte diejenige Sorgfalt beobachtet hat, die er in eigenen Angelegenheiten anzuwenden pflegt, braucht er keinen Wertersatz für die Verschlechterung bzw. den Untergang der erhaltenen Sache zu leisten. Die eigenübliche Sorgfaltspflicht, die als das Privileg des gesetzlichen Rücktrittsberechtigten anzusehen ist, lehnt sich an die bisherige h. M. an[318]; Während der Verschuldensbegriff des § 351 a. F. bei vertraglichem Rücktritt als ein echtes bzw. technisches Verschulden nach §§ 276, 278 zu verstehen war, war hingegen beim gesetzlichen Rücktrittsrecht das Verschulden zumindest im Zeitraum vor Kenntniserlangung des Rücktrittsgrundes als ein Verschulden gegen sich selbst, mithin ein untechnisches, nämlich keine Pflichtwidrigkeit voraussetzendes Verschulden gefasst[319].

---

316 z. B. Rücktrittsverhältnis (§ 346 Abs. 3 S. 1 Nr. 3); Widerrufsrecht (§ 357 Abs. 1); Un-entgeltliche Verwahrer (§ 690); Gesellschaft (§ 708); Ehe (§ 1359); Eltern-Kind (§ 1664); Vorerbe-Nacherbe (§ 2131); eingetragene Lebenspartnerschaft (§ 4 LPartG).

317 Vgl. Jauernig/*Stadler*, § 277, Rn. 1, 3; *Faust*, Schuldrechtsmodernisierung, § 10, Rn. 36: Indem der kraft Gesetzes zum Rücktritt oder Widerruf Berechtigte bis zur Kenntnis vom Rücktrittsgrund nur nach § 277 haftet, hat das neue Schuldrecht den Anwendungsbereich dieser systemwidrigen Haftungsmilderung trotz rechtspolitischer Kritik erheblich erweitert. vgl. *Larenz*, in: FS Westermann, S. 299; *Hager*, in: Dauner-Lieb/Heidel/Lepa/Ring, Schuldrecht, § 5, Rn. 38, Fn. 92.

318 Vgl. oben Kap. 3, B, III; Kap. 4, D IV.

319 BGH, NJW 1983, 2024, 2025; BGH, NJW 1984, 2937, 2938; *Faust*, Schuldrechtsmodernisierung, § 10, Rn. 34 f.; Staudinger/*Kaiser*, § 346, Rn. 180 f.; *dies.*, Rücktrittsrecht, 2002, S. 200 f.; vgl. oben Kap. 3, B III 2 a).

Nach dieser Regelung kann der gesetzliche Rücktrittsberechtigte von den Umständen entlastet werden, die nichts mit seinem eigenen Verhalten zu tun haben und damit „Zufall" oder „höhere Gewalt" darstellen[320]. In solchen Fällen springt die Gefahr, die der Rückgewährschuldner gem. §§ 446, 644 eigentlich ab Übergabe oder Abnahme der Kaufsache zu tragen hat, auf den Rücktrittsgegner wieder zurück[321].

B. Die eigenübliche Sorgfalt als „ein tauglicher Haftungsmaßstab" ?

I. Inhaltliche Untersuchung

Wie oben bereits erwähnt, ist die eigenübliche Sorgfalt i. S. v. § 277 ein rein subjektiver, auf die persönlichen Gepflogenheiten des Schuldners abstellender Fahrlässigkeitsmaßstab[322]. Während der Rücktrittsberechtigte gem. § 346 Abs. 2 S. 1 Nr. 3 Hs. 2 keine Wertersatzpflicht für die Rückgewährunmöglichkeit aufgrund des bestimmungsgemäßen, d. h. vertragsgemäßen Sachgebrauchs schuldet, bürdet § 346 Abs. 3 S. 1 Nr. 3 dem Rücktrittsgegner darüber hinaus die Nachteile eines vertragswidrigen, aber eigenüblichen Sachgebrauchs auf[323]. Zum Beispiel schließt der Käufer das gekaufte Auto nicht ab und wird es ihm deswegen gestohlen, schuldet er wegen seines unsachgemäßen Verhaltens grundsätzlich Wertersatz. Aber nach § 346 Abs. 3 S. 1 Nr. 3 schuldet er keinen Wertersatz, wenn der Käufer etwa wegen eines Mangels der Kaufsache vom Vertrag zurücktritt, es sei denn, man wertet das Nichtabschließen eines Kraftfahrzeuges als grob fahrlässig[324]. Daraus ergibt sich die Frage, was als Haftungskriterium unter der eigenüblichen Sorgfalt zu verstehen ist, und noch tiefgehender wann Sachbehandlungen sowie Sachgebrauch, Veräußerung, Beschlagnahme, Belastung und Rückgabe einer gestohlenen Sache an den wahren

---

320 *Canaris*, Schuldrechtsreform, Einl., XLI: z. B. Naturkatastrophen, Terroranschläge, unabwendbare Unfälle, nicht zu verhindernde Diebstähle.

321 Vgl. *Hager*, in: Ernst/Zimmermann, Schuldrechtsreform, S. 429 f.; *ders.*, in: Dauner-Lieb/Heidel/Lepa/Ring, Schuldrecht, § 5, Rn. 34; *Kohler*, JZ 2001, 325, 337; *Schwab*, JuS 2002, 630, 635 f.; *Looschelders*, Schuldrecht, Rn. 849: a. A. *Gaier*, WM 2002, 1, 10 f.; *Canaris*, Schuldrechtsreform, Einl., XL f., XLVIII; oben A I.

322 Staudinger/*Löwisch*, § 277, Rn. 1; MünchKom/*Grundmann*, § 277, Rn. 3.

323 *Kaiser*, JZ 2001, 1057, 1063.

324 Vgl. *Kohler*, JZ 2001, 325, 327 und 334; *Kaiser*, JZ 2001, 1057, 1063; *Lorenz*, Schuldrecht, Rn. 429.

Eigentümer usw. - eigenüblich sind[325]. Ferner ist zu untersuchen, worin die Gründe für die weit reichende Einschränkung des Wertersatzanspruchs liegen.

II. Systematische Untersuchung

Nach der Auffassung von *Kaiser* passt die Privilegierung des gesetzlich zum Rücktritt Berechtigten mit Hilfe eines auf die Einhaltung der eigenüblichen Sorgfalt reduzierten Haftungsmaßstabs systematisch nicht. Die Wertersatzpflicht gem. § 346 Abs. 2 setzt es nicht mehr voraus, dass der Rückgewährschuldner die Unmöglichkeit der Rückgewähr zu vertreten hat. Deswegen sei es kaum nachvollziehbar, dass die Wertersatzpflicht mit Hilfe einer Begrenzung des Fahrlässigkeitsmaßstabs eingeschränkt werde[326].

C. Haftungskriterium i. S. v. § 346 Abs. 3 S. 1 Nr. 3

I. Verständnis der eigenüblichen Sorgfalt des § 346 Abs. 3 S. 1 Nr. 3

Vor Kenntniserlangung vom Rücktrittsgrund trifft den gesetzlichen Rücktrittsberechtigten keine Pflicht zur Sorgfalt, gegen die er pflichtwidrig und damit schuldhaft verstoßen kann. Denn als Eigentümer darf der Käufer mit der Sache grundsätzlich nach seinem Belieben verfahren und ist auch dem Verkäufer keine Rechenschaft schuldig[327]. Daher kann das Gesetz nicht auf ein Verschulden im „technischen Sinne" des § 276 rekurrieren und praktikabel mit keinem normativen, sondern mit einem empirischen Standard ansetzen[328].

Nach der Auffassung von *Faust* ist vielmehr entscheidend, ob der Rückgewährschuldner mit der zurückzugebenden Sache nachlässiger umgegangen ist

---

325 AnwKom/*Hager*, § 346, Rn. 61; vgl. *Kaiser*, JZ 2001, 1057, 1063; *dies.*, in: Schuldrecht, S. 201 f.: Ihrer Ansicht nach soll das Haftungskriterium der eigenüblichen Sorgfalt zumindest vor Kenntniserlangung vom Rücktrittgrund teleologisch reduziert werden. Danach kann dieser Begriff ähnlich wie in § 254 objektiviert bzw. mit vertragsgemäßer Sorgfalt gleichgestellt werden.

326 Staudinger/*Kaiser*, § 346, Rn. 181; *dies.*, JZ 2001, 1057, 1063.

327 *Gaier*, WM 2002, 1, 10 f.; *ders.*, MünchKom, § 346, Rn. 58.

328 Vgl. *Faust*, Schuldrechtsmodernisierung, § 10, Rn. 36; MünchKom/*Gaier*, § 346, Rn. 58; AnwKom/*Hager*, § 346, Rn. 61; *Canaris*, Schuldrechtsreform, Einl., XLIV.

als mit seinen vergleichbaren anderen Sachen. Diesem empirischen Standard sollen nach dem Wortlaut aus § 277 in beide Richtungen hin Grenzen gesetzt werden. Daraus folgt erstens, dass die Haftung für Sorgfalt in eigenen Angelegenheiten nicht strenger sein kann als eine normale Fahrlässigkeitshaftung, zweitens ordnet § 277 an, dass jedenfalls für grobe Fahrlässigkeit zu haften ist. Beide Grenzen erfordern die Bestimmung der verkehrserforderlichen Sorgfalt. Nach dem Haftungskriterium gem. § 346 Abs. 3 S. 1 Nr. 3 unterliegt der gesetzliche Rücktrittsberechtigte keiner Wertersatzpflicht, wenn er entweder diejenige Sorgfalt beachtet hat, die er bei Kenntnis seines Rücktrittsrecht hätte beachten müssen, oder diejenige, die er in eigenen Angelegenheiten zu beachten pflegt, sofern diesem bei Kenntnis des Rücktrittsrechts der Vorwurf grober Fahrlässigkeit nicht begründet wird[329].

II. „Vorgreifliche Rücksichtnahmepflichten" ab Kenntnisnahme vom Rücktrittsgrund

Nach der Auffassung von *Kaiser* geht es beim Haftungsmaßstab für den Rückgewährschuldner nicht darum, was unter Verschulden i. S. v. § 346 Abs. 3 S. 1 Nr. 3 zu verstehen ist, sondern darum, welche Pflichten den Rückgewährschuldner mit Blick auf die spätere Rückgabe des erhaltenen Leistungsgegenstandes treffen[330]. Vor der Erklärung des Rücktritts bedeutet die Haftung für den Untergang oder die Verschlechterung der zurückzugebenden Sache jedoch nicht, dass das Verhalten des Rückgewähr- oder Bereicherungsschuldners wegen Verstoßes gegen eine von Anfang an bestehende, lediglich bedingte Pflicht sanktioniert wird[331]. Denn vor diesem Zeitpunkt können beide Vertragspartner als Vollrechtsinhaber mit der erhaltenen Sache nach ihrem Belieben verfahren. Durch die bloße Kenntnis vom Rücktrittgrund wird die Rückgewährpflicht nicht zum Entstehen gebracht. Daher treffen den Schuldner vor allem wegen der Möglichkeit der späteren Rückgewähr, von der Rückgewährpflicht selbst zu trennende, vorgreifliche Rücksichtnahmepflichten[332].

---

[329] *Faust*, Schuldrechtsmodernisierung, § 10, Rn. 37 f.

[330] *Kaiser*, Rückabwicklung, S. 269 f.

[331] Vgl. *Glaß*, Rücktritt, S. 49 f.; *Kohler*, Rückabwicklung, S. 49.

[332] *Kaiser*, Rückabwicklung, S. 268 f.; *dies.*, JZ 2001, 1057, 1063 f.; *Hager*, in: Ernst/Zimmermann, Schuldrechtsreform, S. 429, 436; *ders.*, in: Dauner-Lieb/Heidel/Lepa/Ring, Schuldrecht, § 5, Rn. 34; vgl. *Canaris*, Schuldrechtsreform, Einl., XLIV; schon. *Mugdan*, Materialien II, S. 1239 f.; krit. dazu. *Kohler*, JZ 2001, 325, 332; *Lorenz*, in: Schulze/Schulte-Nölke, Schuldrechtsreform, S. 329, 345.

Nach ihrer Begründung bedeutet die Kenntnis von der potentiellen Rückgewährpflicht eine Zäsur für den Umfang der Rücksichtnahmepflichten des Rückgewährschuldners[333]. Jeder Rückgewährschuldner muss bereits aus dem Inhalt des Rechtsgeschäfts die Möglichkeit des Wegfalls des Rechtsgrundes nicht nur beiläufig, sondern besonders vergegenwärtigt haben[334]. Deshalb soll der Rückgewährschuldner von diesem Zeitpunkt an, in dem er mit der Möglichkeit der späteren Rückgewähr rechnen kann, mit der zurückzugewährenden Sache viel sorgfältiger umgehen. Also ist die Kenntnis vom Rücktrittsgrund als Umfang der Rücksichtnahmepflichten angesehen, die den Rückgewährschuldner in Bezug auf die zurückzugebende Sache treffen[335].

D. Die Einschränkung der Privilegierung ab Kenntnis vom Rücktrittsgrund

I. Teleologische Reduktion des § 346 Abs. 3 S. 1 Nr. 3

Hinsichtlich der Einschränkung der Privilegierung stellt sich die Frage, ob § 346 Abs. 3 S. 1 Nr. 3 ab Kenntnis des Rücktrittsberechtigten vom Rücktrittsgrund unverändert angewendet oder teleologisch reduziert werden soll. Das Ergebnis hat insbesondere in Anbetracht der Gefahrverteilung für den zufälligen Untergang des Leistungsgegenstands und des Schadensersatzanspruchs des Rückgewährgläubigers große Bedeutung[336].

1. Argumente für die teleologische Reduktion

§ 346 Abs. 3 S. 1 Nr. 3 regelt eine generelle Haftungsprivilegierung des Inhabers eines gesetzlichen Rücktrittsrechts, ohne danach zu differenzieren, ob

---

333 *Kaiser*, Rückabwicklung, S. 269; *dies.*, in: Westermann, Schuldrecht, S. 202; Abschlussbericht, S. 187; BT-Drucks., 14/6040, S. 195; *Hager*, in: Ernst/Zimmermann, Schuldrechtsreform, Fn. 6.

334 Vgl. BGHZ 118, 383, 393; BGH, NJW 1998, 2433, 2435.

335 *Kaiser*, Rückabwicklung, S. 270; *Hager*, in: Ernst/Zimmermann, Schuldrechtsreform, S. 435: Die Kenntnis vom Rücktrittsgrund spielt hier zwar eine Rolle, aber sie bestimmt nicht allein den konkreten Haftungsmaßstab; a. A. *Canaris*, Schuldrechtsreform, Einl., XLIV.

336 Vgl. *Canaris*, Feststellung von Lücken, S. 83 f.; *Larenz*, Methodenlehre, S. 391 f.: „Teleologische Reduktion als Mittel der Lückenfeststellung".

die Parteien Kenntnis vom Rücktrittsrecht haben. Der in § 346 Abs. 3 S. 1 Nr. 3 geregelten milderen Haftung für den gesetzlichen Rücktrittsberechtigten liegt diese Überlegung zugrunde, dass der Rücktrittsberechtigte seinen Rücktrittsgrund nicht kennt und daher davon ausgehen darf, mit der Sache nach Belieben verfahren zu können[337]. Aber wenn der Berechtigte sein Rücktrittsrecht kennt, so muss für ihn das gleiche Haftungsregime gelten wie beim vertraglichen Rücktritt, bei dem den Beteiligten von vornherein bewusst ist, dass die erhaltene Leistung möglicherweise zurückerstattet werden muss[338]. Daher gibt es in diesem Gesichtspunkt keinen vernünftigen Sinn, warum der gesetzliche Rücktrittsberechtigte ab Kenntnis vom Rücktrittsgrund weiter schutzwürdiger als der vertragliche Rücktrittsberechtigte gestellt werden soll[339].

Aus diesem Hintergrund soll die Haftungserleichterung in § 346 Abs. 3 S. 1 Nr. 3 teleologisch reduziert werden, wenn der Berechtigte im Zeitpunkt der Sachbeeinträchtigung sein Rücktrittsrecht gekannt hat[340]. Zwar begründet die bloße Kenntnis vom Rücktrittsgrund noch keine Rückgewährpflicht, aber ab diesem Zeitpunkt hat der Schuldner die Verantwortung nicht nur allein für seine eigenen Interessen, sondern vielmehr auch Rücksichtnahmepflichten weiterer Art zu tragen als vor der Kenntnis von der Rücktrittsmöglichkeit[341]. Ab Kenntniserlangung vom Rücktrittsgrund des gesetzlichen Rücktrittsberechtigten gilt daher wie beim Inhaber eines vertraglichen Rücktrittsrechts in vollem Umfang die in § 346 Abs. 3 S. 1 Nr. 2 niedergelegte Interessenbewertung. Also trägt der Empfänger selbst auch die Gefahr des zufälligen Untergangs[342].

---

337 BT-Drucks., 14/6040, S. 195; *Schwab,* in: Schwab/Witt, Rückabwicklung, S. 201 f.; *Faust*, Schuldrechtsmodernisierung, § 10, Rn. 36.

338 *Schwab,* JuS 2002, 630, 636.

339 *Arnold*, Jura 2002, 154, 158; Jauernig/*Stadler*, § 346, Rn. 8; *Kaiser*, JZ 2001, 1057, 1064; *Hager*, in: Ernst/Zimmermann, Schuldrechtsreform, S. 436; *ders.*, in: Dauner-Lieb/Heidel/Lepa/Ring, Schuldrecht, § 5, Rn. 32 f.; *Kohler*, WM 1993, 45, 53; *ders.*, Schadensersatzhaftung, JZ 2002, 682, 692; *Schwab,* JuS 2002, 630, 636; *Faust*, Schuldrechtsmodernisierung, § 10, Rn. 49 f.

340 *Kaiser*, in: Westermann, Schuldrecht, S. 202; Jauernig/*Stadler*, § 346, Rn. 8; *Perkams*, Jura 2003, 150, 153; *Hager*, in: Dauner-Lieb/Heidel/Lepa/Ring, Schuldrecht, § 5, Rn. 34; *Schwab,* JuS 2002, 630, 635 f.

341 *Kaiser*, in: Westermann, Schuldrecht, S. 202; *Hager*, in: Dauner-Lieb/Heidel/Lepa/Ring, Schuldrecht, § 5, Rn. 37 f.; *Schwab,* JuS 2002, 630, 635 f.

342 Vgl. *Schwab,* JuS 2002, 630, 635 f.

2. Argumente gegen die teleologische Reduktion

Dagegen stehen die Gegenansichten[343] auf folgenden Gesichtspunkt, dass es dem Gesetzgeber nicht darum ging, denjenigen zu schützen, der keine Kenntnis von seinem Rücktrittsrecht hat[344], sondern der Gesetzgeber das vertragswidrige Verhalten des Rücktrittsgegners sanktioniert, indem er diesem die Gefahr des zufälligen Untergangs des Leistungsgegenstands zuweist, wenn der Rücktrittsberechtigte die eigenübliche Sorgfalt beachtet hat[345].

Zum einen ist die Privilegierung für den gesetzlichen Rücktrittsberechtigten unabhängig davon, ob er im Zeitpunkt der Verschlechterung oder des Untergangs von seinem Rücktrittsrecht weiß oder wissen muss. Denn vor Kenntnisnahme vom Rücktrittsgrund darf der Rücktrittsgegner wegen seiner unvollständigen Pflichterfüllung nicht auf einen dauernden Gefahrübergang vertrauen, und nach diesem Zeitpunkt ist das Vertrauen des Rücktrittsgegners auf den Gefahrübergang auch wegen der ihm zur Last fallenden Pflichtverletzung nicht schutzwürdig[346]. Zum anderen entspricht es der Systematik der Rücktrittsvorschriften und der Gefahrtragungsregel des § 446 besser, dem Rücktrittsgegner das Zufallsrisiko aufzuerlegen[347]. Daher kann nach Kenntnis von der Rückgabepflicht das Zufallsrisiko dem Berechtigten kaum aufgebürdet werden, und schuldet der gesetzliche Rücktrittsberechtigte keinen Wertersatz, soweit er die eigenübliche Sorgfalt beachtet hat[348].

---

343 *Canaris*, Schuldrechtsreform, Einl., XLVIII; *Kamanabrou*, NJW 2003, 30, 31 f.; *Gaier*, WM 2002, 1, 11 f.; Bamberger/Roth/*Grothe*, § 346, Rn. 30; Palandt/*Grüneberg*, § 346, Rn. 13 a.; *Faust*, Schuldrechtsmodernisierung, § 10, Rn. 35; *ders.*, jurisPK, § 346, Rn. 62 f.

344 Vgl. BT-Drucks., 14/6040, S. 192 f.

345 Vgl. BT-Drucks., 14/6040, S. 196; *Faust*, Schuldrechtsmodernisierung, § 10, Rn. 35; *Kamanabrou*, NJW 2003, S. 30, 31 f.; vgl. Kap. 4, D IV.

346 Vgl. Palandt/*Grüneberg*, § 346, Rn. 13 a.; jurisPK/*Faust*, § 346, Rn. 65.

347 Vgl. Staudinger/*Kaiser*, § 346, Rn. 188; *Canaris*, Schuldrechtsreform, Einl., XLVIII; jurisPK/*Faust*, § 346, Rn. 65: Eine derartige Differenzierung ist im Wortlaut von § 346 Abs. 3 S. 1 Nr. 3 nicht angelegt und kann § 357 Abs. 3 S. 3 überflüssig machen.

348 *Canaris*, Schuldrechtsreform, Einl., XXXVII; *Arnold*, ZGS 2003, 427, 433 f.; *Perkams*, Jura 2003, 150, 153; Palandt/*Grüneberg*, § 346, Rn. 13 a; jurisPK/*Faust*, § 346, Rn. 62 f.

3. Eigene Auffassung

Beide gestellten Argumente für bzw. gegen die teleologische Reduktion haben zwar jeweilige taugliche Begründungen, aber ich befürworte aus folgenden Gesichtspunkten die Argumente für die teleologische Reduktion ab Kenntnis des Rücktrittsberechtigten vom Rücktrittsgrund[349]. Erstens, hinsichtlich des Schutzzwecks des § 346 Abs. 3 S. 1 Nr. 3, rechtfertigt die Verantwortlichkeit für den Rücktrittsgrund es nicht, dem Rücktrittsgegner die Folgen des unsorgfältigen, aber eigenüblichen Verhaltens des Rücktrittsberechtigten auzuerlegen. Maßgeblicher Grund für die Privilegierung des gesetzlichen Rücktrittsberechtigten ist nicht die Verantwortlichkeit des Rücktrittsgegners für den Rücktrittsgrund, sondern die fehlende Kenntnis des Rücktrittsberechtigten vom Rücktrittsgrund[350]. Zweitens, bezüglich des Umfangs der vorgreiflichen Rücksichtnahmenpflichten, spielt die Kenntnis vom Rücktrittsgrund eine große Rolle. Ab diesem Zeitpunkt hat der Rücktrittsberechtigte viel sorgfältiger als zuvor mit der erhaltenen Leistung umzugehen. Daher gibt es keine rechtfertigenden Gründe, nach diesem Zeitpunkt den gesetzlichen Rücktrittsberechtigten unter Anwendung des milderen Haftungskriteriums weiter zu privilegieren[351]. Drittens, unter Berücksichtigung der §§ 346 Abs. 3 S. 1 Nr. 1, 357 Abs. 3, bei deren Haftungsmaßstab es im Falle des Rücktritts gerade um die Kenntnis vom Rücktrittsgrund geht, sind die Argumente für die teleologische Reduktion des § 346 Abs. 3 S. 1 Nr. 3 systematisch überzeugender. M. E. gibt es keinen vernünftigen Grund, warum der Gesetzgeber den gesetzlichen Rücktrittsberechtigten trotz Kenntniserlangung vom Rücktrittsgrund besser stellt als den widerspruchsberechtigten Verbraucher im Rahmen des Fahrlässigkeitsmaßstabs bzw. der Zufallsschäden. Für den Umfang der Verhaltenspflichten kommt es vielmehr sowohl im Rücktrittsrecht als auch im Widerrufsrecht allein auf das Kriterium der Kenntnis an[352].

---

[349] *Canaris*, Schuldrechtsreform, Einl., XLV; jurisPK/*Faust*, § 346, Rn. 63; AnwKom/*Hager*, § 346, Rn. 58; *Arnold*, Jura 2002, 154, 160; *Schulze/Ebers*, JuS 2004, 366, 369 f.: Nach beiden Argumenten bleibt das Privileg für den Rücktrittsberechtigten aufgrund einer teleologischen Reduktion einheitlich in solchen Fällen außer Acht, in denen der Rücktrittsgegner für den Rücktrittsgrund kaum verantwortlich ist. z. B. Beim Rücktritt wegen Wegfalls der Geschäftsgrundlage in § 313 Abs. 3 S. 1.

[350] Vgl. Staudinger/*Kaiser*, § 346, Rn. 191; *Hager*, in: Ernst/Zimmermann, Schuldrechtsreform, S. 440; *ders.*, AnwKom, § 346, Rn. 59.

[351] Vgl. AnwKom/*Hager*, § 346, Rn. 59; *Schwab*, JuS 2002, 630, 633 f.; *Kaiser*, JZ 2001, 1057, 1066; oben C II.

[352] AnwKom/*Hager*, § 346, Rn. 59; Staudinger/*Kaiser*, § 357, Rn. 27 f.; *Perkams*, Jura 2003, 150, 153; *Rheinländer*, ZGS 2004, 178, 181: Meiner Ansicht nach soll der wider-

II. Kenntnisnahme vom Widerrufsrecht i. S. des § 357 Abs. 3 S. 3

Soweit der Verbraucher ordnungsgemäß über sein Widerrufsrecht belehrt worden ist oder er vom Widerrufsrecht anderweitig Kenntnis erlangt hat, kann er der Wertersatzpflicht nicht dadurch entgegen, dass er sich auf die Einhaltung der eigenüblichen Sorgfalt beruft. Dadurch verschärft § 357 Abs. 3 S. 3 nicht lediglich den Fahrlässigkeitsmaßstab, sondern führt zu einer Wertersatzpflicht auch für die zufällige Sachschädigung[353]. Dieses Ergebnis führt zwar zur Verschlechterung der Rechtsstellung des Verbrauchers, daher von großem Teil in der Literatur kritisiert[354], aber unter folgendem Gesichtspunkt als gerechtfertigt angesehen. Der Sinn des Widerrufsrechts besteht nämlich darin, dem Verbraucher die Möglichkeit zu geben, sich mit den Rechtsfolgen der §§ 357 Abs. 1 S. 1, 346 ff. vom Vertrag zu lösen. Es ist aber nicht Aufgabe des Verbraucherschutzrechts, den Verbraucher, der in Kenntnis eines Rücktrittsrechts die Sache weiter benutzt, Vollkasko zu versichern[355]. Weil Widerrufs- und Rückgaberecht nicht von einer Vertragsverletzung des Unternehmers abhängen, sondern dem Verbraucher die voraussetzungslose Lösung vom Vertrag erlauben, soll der Unternehmer nicht mit Wertverlusten für die Sache belastet werden[356].

E. Anwendungserstreckung auf andere subjektive Rückgewährhindernisse

I. Das aus dem Gesetzestext entstehende Problem

Die Privilegierung des § 346 Abs. 3 S. 1 Nr. 3 bezieht sich dem Wortlaut nach nur auf den Untergang oder die Verschlechterung des Leistungsgegenstands[357]. Aber diese enge wörtliche Auslegung des § 346 Abs. 3 S. 1 Nr. 3 ist

---

rufsberechtigte Verbraucher unter Berücksichtigung des Normzwecks zumindest nicht schlechter als der gesetzliche Rücktrittsberechtigte gestellt werden.

353 Staudinger/*Kaiser*, § 357, Rn. 27 f.

354 Vgl. oben Kap. 2, B III 2.

355 *Rheinländer*, ZGS 2004, 178, 180.

356 *Kaiser*, JZ 2001, 1057, 1065.

357 *Kaiser*, JZ 2001, 1057, 1061 f.: *Kaiser* hat diese wörtliche Auslegung auf den engen Zusammenhang zwischen § 346 Abs. 2 S. 1 Nr. 2, Nr. 3 und Abs. 3 S. 1 Nr. 1, Nr. 3 zurückgeführt. Aber im Hinblick darauf, wer den Wertverlust tragen soll, gibt es keinen wesentlichen Unterschied zwischen beiden aufgezählten Regelungen, z. B. Durch Gebzw. Verbrauch entstandener Untergang bzw. Verschlechterung.

nicht zwingend und entspricht auch nicht der Intention des Gesetzgebers. Ferner wollte der Gesetzgeber durch die Regelung des § 346 Abs. 3 S. 1 Nr. 3 den gesetzlichen Rücktrittsberechtigten generell privilegieren[358]. Daher soll § 346 Abs. 3 S. 1 Nr. 3 in Anbetracht der Absicht des Gesetzgebers auch in den Fällen der Veräußerung, des Verbrauchs, der Belastung und sonstiger Unmöglichkeit der Herausgabe entsprechend angewendet werden, die auf einen an Sorgfaltskriterien messbaren Umgang mit der Sache zurückzuführen sind[359].

II. Anwendbarkeit der Privilegierung in einzelnen Fällen

1. Gebrauch bzw. Verbrauch[360]

Gewöhnlicher Gebrauch bzw. Verbrauch der erhaltenen Sache vor Kenntnis vom Rücktrittsrecht ist kein schuldhaftes Verhalten. Auch vertragsgemäße und zweckgemäße Sachbenutzung ist unschädlich, also schuldet der gesetzliche Rücktrittsberechtigte keinen Wertersatz[361]. Erst wenn er über das übliche Betriebsrisiko der Sache hinaus ein außergewöhnliches Risiko bei der Verwendung der Sache setzt, hat er hierfür bei Verwirkung dieses Risikos einzustehen und einen Wertersatz zu leisten. Ferner würdigte die bisherige Rechtsprechung die Weiterbenutzung einer fehlerhaften Sache nach der Rücktrittserklärung unter dem Aspekt der unzulässigen Rechtsausübung und bejahte grundsätzlich Verschulden[362]. Aber nach den neuerdings überwiegenden Meinungen schließt

[358] BT-Drucks., 14/6040, S. 196; *Kaiser*, JZ 2001, 1057, 1062; *dies.*, Staudinger, § 346, Rn. 179; *Arnold*, Jura 2002, 154, 158; *Looschelders*, Schuldrecht, Rn. 851; AnwKom/*Hager*, § 346, Rn. 60; Bamberger/Roth/*Grothe*, § 346, Rn. 32; *Herold*, Rückabwicklungsschuldverhältnis, S. 160; *Schulze/Ebers*, JuS 2004, 366, 370.

[359] AnwKom/*Hager*, § 346, Rn. 60; Bamberger/Roth/*Grothe*, § 346, Rn. 32; MünchKom/*Gaier*, § 346, Rn. 57; a. A. *Benicke*, ZGS 2002, 369, 372; Palandt/*Grüneberg*, § 346, Rn. 13.

[360] AnwKom/*Hager*, § 346, Rn. 36, 41; *Kaiser*, JZ 2001, 1057, 1062; *Faust*, Schuldrechtsmodernisierung, § 10, Rn. 25; *Perkams*, Jura 2003, 150, 151 f.

[361] Vgl. *Kaiser*, JZ 2001, 1057, 1063; *Nierwetberg*, JuS 1984, 33, 35; *Medicus*, JuS 1990, 689, 693; oben Kap. 2, B III 1.

[362] Staudinger/*Kaiser*, 2001, § 350, Rn. 46; AnwKom/*Hager*, § 346, Rn. 62; RGZ 145, 79, 83; MDR 1955, 464; NJW 1958, 1773; BGH, NJW 1960, 2331; BGH, NJW 1984, 1525, 1526; BGH, NJW 1992, 170, 171; BGH, NJW 1994, 1004, 1005: Nach der früheren Rechtsprechung ist solcher Weitergebrauch mit dem Begehren auf Wandelung nicht vereinbar und als Verschulden angesehen.

allein die Weiterbenutzung der Kaufsache das Privileg des gesetzlichen Rücktrittsberechtigten nicht aus[363]. Vielmehr wird die Frage, ob die Weiterbenutzung der Sache nach der Rücktrittserklärung eine solche Privilegierung ausschließt, mit Hilfe einer umfassenden Abwägung der Interessen beider Parteien beurteilt[364]. Im Rahmen der Interessenabwägung soll auch zu berücksichtigen sein, ob die Nachteile, die dem Rücktrittsgegner durch die Weiterbenutzung entstehen, durch dessen Anspruch auf Nutzungsherausgabe gem. §§ 346 Abs. 1, 347 Abs. 1 gemildert werden[365].

2. Vernichtung

Wenn der Rücktrittsberechtigte hingegen den Leistungsgegenstand vernichtet, ist das auch vor Kenntnis vom Rücktrittsgrund nicht gedeckt und deshalb pflichtwidrig und verschuldet[366].

3. Veräußerung

Beim Ausschluss vom Rücktritt durch Veräußerung kommt es darauf an, ob der Rücktrittsberechtigte mit der Veräußerung des Leistungsgegenstandes ihn treffende Rücksichtnahmepflichten verletzt hat. Vor Kenntnisnahme des Rücktrittsgrundes ist das Privileg durch die Veräußerung nicht ausgeschlossen, soweit der Verkauf der vertraglich vorausgesetzten Nutzung entspricht[367]. Steht auch

---

363 BGH, NJW 1984, 1525, 1526; BGH, NJW 1992, 170, 171; BGH, NJW 1994, 1004, 1005; BGH, NJW 1998, 3197, 3199; OLG Karlsruhe NJW 1971, 1809, 1810; JZ 1952, 527, 528.

364 BGH, NJW 1984, 1525, 1526; BGH, NJW 1992, 170, 171; BGH, NJW 1994, 1004, 1005; BGH, NJW 1998, 3197, 3199; OLG Koblenz MDR 1986, 316, 317; OLG Hamm NJW-RR 1988, 1461, 1462; OLG Frankfurt NJW-RR 1994, 120.

365 Staudinger/*Kaiser*, 2001, § 351, Rn. 45, 49; AnwKom/*Hager*, § 346, Rn. 62: Bei einer übermäßigen Nutzung entfällt das Privileg gem. § 346 Abs. 3 S. 1 Nr. 3 aus zwei Gründen. Zum einen geht es um eine übermäßige Nutzung, die § 346 Abs. 2 S. 1 Nr. 3 nicht erlaubt, zum anderen ist der Rückgewährschuldner, der den Rücktrittsgrund kennt, nach § 346 Abs. 3 S. 1 Nr. 3 in seiner restriktiven Interpretation nicht schutzwürdig; vgl. oben Kap. 2, B III 1.

366 Staudinger/*Kaiser*, 2001, § 351, Rn. 52; vgl. OLG München NJW-RR 1992, 1081, 1082 (Nottötung des an Kolik angesteckten Pferds).

367 *Glaß*, Rücktritt, S. 72 f.; WM 1993, 1155, 1156 (Nichtzuteilung einer Milchreferenzmenge nach Weiterveräußerung gekauften Viehs); MünchKom/*Janßen*, 2001, § 351, Rn. 11; vgl. AnwKom/*Hager*, § 346, Rn. 61; Staudinger/*Kaiser*, 2001, § 351, Rn. 54.

dem Rücktrittsberechtigten ein durchsetzbarer Herausgabeanspruch gegen den Dritten zu, dann kommt es nicht mehr auf ein Verschulden des Berechtigten an[368].

4. Zwangsvollsteckung

Ob die Einstandspflicht für die finanzielle Leistungsfähigkeit auch in dem Fall zum Tragen kommt, wenn die Rückgewähr durch die Zwangsvollstreckung in den Leistungsgegenstand dem Rücktrittsberechtigten unmöglich geworden ist, ist strittig. *Glaß* hat in solchen Fällen Verschulden oder Pflichtwidrigkeit des Rückgewährschuldners abgelehnt, da diese Rückgewährunmöglichkeit nicht auf dem vertragswidrigen oder unsachgemäßen Verhalten des Rücktrittsberechtigten, sondern auf fremdem Verhalten wegen Zahlungsschwierigkeiten früherer Handlungen beruht[369].

Hingegen ist nach überwiegender Auffassung ein Verstoß gegen die Sorgfalt in eigenen Angelegenheiten i. S. v. § 346 Abs. 3 S. 1 Nr. 3 in diesen Fällen zu bejahen[370], weil der Rücktrittsberechtigte die Zwangsvollstreckung in den Leistungsgegenstand nicht verhindert hat. Fehlende Bemühungen, die Zwangsvollstreckung abzuwenden, und fehlende Einstandpflichten finanzieller Leistungsfähigkeit sind für den Rückgewährgläubiger auch als pflichtwidrig bzw. schuldhaft anzusehen[371]. Aber bezüglich der reinen Bedeutung des Haftungsmaßstabs i. S. v. § 346 Abs. 3 S. 1 Nr. 3 sollen solche Auffassungen jedenfalls vor dem Zeitpunkt der Kenntnisnahme vom Rücktrittsrecht nicht pauschal bejaht werden[372].

---

368 Vgl. AnwKom/*Hager*, § 346, Rn. 61; oben Kap. 2, B II.

369 *Glaß*, Rücktritt, S. 64 ff: Er war der Meinung, dass die Pflichtwidrigkeit od. das Verschulden nicht an früheren Handlungen angeknüpft werden sollte.

370 MünchKom/*Janßen*, 2001, § 351, Rn. 11; Palandt/*Heinrichs*, 2001, § 351, Rn. 4; vgl. Jauernig/*Vollkommer*, 1999, § 279, Rn. 7.

371 *Leser*, Rücktritt, S. 188; *Kaiser*, in: Westermann, Schuldrecht, S. 200 f.: h. M. nach gilt die unterlassene Schuldentilgung wegen des Grundsatzes „*Geld hat man zu haben*" immer als grob fahrlässig.

372 AnwKom/*Hager*, § 346, Rn. 63; Staudinger/*Kaiser*, § 346, Rn. 172.

5. Herausgabe einer fremden Sache an den Eigentümer statt an den Verkäufer

Wenn der Rücktrittsberechtigte die Kaufsache, die dem Eigentümer gestohlen worden ist, an den wahren Eigentümer herausgibt, so schuldet er wegen § 346 Abs. 3 S. 1 Nr. 2 keinen Wertersatz. Nach der früheren Entscheidung des BGH[373] kann die Erfüllung des dinglichen Herausgabeanspruchs gegenüber dem Bestohlenen nicht als ein Verschulden des Käufers gegenüber dem Verkäufer gewertet werden[374]. Auch nach heutiger überwiegender Auffassung verliert der Käufer durch die Herausgabe der gestohlenen Sache an den Eigentümer sein Privileg nicht[375]. Wegen Rechtsmangels ist auch dem Rücktrittsberechtigten nicht zuzumuten, einen aus seiner Sicht aussichtlosen Vindikationsrechtsstreit mit dem Eigentümer zu führen, ferner bedeutet allein die Erfüllung einer nach dem Gesetz bestehenden Herausgabepflicht kein Verschulden i. S. v. § 346 Abs. 3 S. 1 Nr. 3[376].

F. Zwischenergebnis

§ 346 Abs. 3 S. 1 Nr. 3 regelt die Privilegierung des gesetzlich zum Rücktritt Berechtigten unter dem Maßstab der in eigenen Angelegenheiten angewandten Sorgfaltspflicht. Diesem Haftungskriterium ist vor allem folgende Überlegung zugrunde gelegt, nämlich dass dem Rückgewährschuldner nicht mehr Sorgfalt

---

373 BGHZ 5, 337, 338: „1. Der Käufer hat das Wahlrecht zwischen Rücktritt oder Schadensersatz wegen Nichterfüllung. 2. Die Rechtsstellung des Käufers gegenüber dem Verkäufer bei Ausübung des Rücktritts wird nicht dadurch beeinträchtigt. 3. Der dingliche Anspruch ist stärker als das Recht des Verkäufers gegen den Käufer auf Rückgabe der Sache.“

374 a. A. *Wolf*, NJW 1953, 164, 166: *Wolf* hat diese Entscheidung in der Begründung sowie auch im Ergebnis als unzutreffend zurückgewiesen. Nach seiner These soll eine freiwillige Herausgabe der gestohlenen Sache an den Eigentümer statt an den Verkäufer immer zum Verlust des Rücktrittsrechts führen. ähnlich *Boehmer*, JZ 1952, 521, 522 f.; *Stumpp*, JuS 1964, 310, 314. Mit der Begründung, dass durch die allein freiwillige Herausgabe an den Eigentümer dem Verkäufer die Möglichkeit des Verwendungsersatzes beraubt werden könne.

375 Staudinger/*Kaiser*, § 346, Rn. 173; AnwKom/*Hager*, § 346, Rn. 61; *Glaß*, Rücktritt, S. 130; *Leser*, Rücktritt, S. 217; *Kohler*, Rückabwicklung, S. 396.

376 *Glaß*, Rücktritt, S. 128; *Leser*, Rücktritt, S. 217; *Kohler*, Rückabwicklung, S. 396; Staudinger/*Kaiser*, § 346, Rn. 173: „*Rechtsmängel müssen so behandelt werden wie Sachmängel*“.

zugemutet werden kann, als er bei eigenen Sachen zu verwenden pflegt, da der Rückgewährschuldner vor Kenntnisnahme von seinem Rücktrittsrecht als Eigentümer davon ausgehen darf, die Sache endgültig behalten zu können[377].

Damit ist fraglich, was unter eigenüblichem Verhalten mit der erhaltenen Sache zu verstehen ist. Abweichend von § 276 ist der eigenübliche Sorgfaltsmaßstab i. S. v. § 277 ein rein subjektiver bzw. individueller Fahrlässigkeitsmaßstab. Bei diesem Maßstab handelt es sich um einen in vergleichbaren eigenen Angelegenheiten betätigten minderen Grad an Sorgfalt - einen empirischen Standard. Nach überwiegender Meinung unterliegt der gesetzlich zum Rücktritt Berechtigte keiner Wertersatzpflicht, wenn er entweder diejenige Sorgfalt beachtet hat, die er bei Kenntnis seines Rücktrittsrechts hätte beachten müssen, oder wenn er Sorgfaltsstandard, den er in eigenen Angelegenheiten zu beachten pflegt, sofern dieser bei Kenntnis des Rücktrittsrechts nicht den Vorwurf grober Fahrlässigkeit begründen würde, eingehalten hat[378].

§ 346 Abs. 3 S. 1 Nr. 3 regelt eine generelle Haftungsprivilegierung des gesetzlich zum Rücktritt Berechtigten. Aber diese von der Kenntnisnahme seines Rücktrittsrechts unabhängige Regelung ist als unsachgemäß sowie ungerechtfertigt anzusehen. Weil die durch die Kenntniserlangung vom Rücktrittsgrund entstandenen vorgreiflichen Rücksichtnahmenpflichten als Abgrenzungskriterium zwischen beiden Rücktrittsrechten, einerseits, und als Fahrlässigkeitskriterium zwischen § 277 und §§ 276, 278, andererseits, eine große Rolle spielen, soll bei der Gesetzesauslegung § 346 Abs. 3 S. 1 Nr. 3 teleologisch reduziert werden, soweit der Berechtigte sein Rücktrittsrecht kennt[379].

In einzelnen Fällen lässt sich nur schwer zu entscheiden, was das bestimmungsgemäße bzw. vertragsgemäße und eigenübliche Verhalten mit der zurückzugewährenden Sache bedeutet. Hierbei stellt die Rechtsprechung auf die Umstände des Einzelfalls ab. Nach h. M. ist vor Kenntnisnahme vom Rücktrittsrecht die einzelne Sachbehandlung wie Gebrauch, Verbrauch, Veräußerung und Herausgabe einer fremden Sache nicht als Verstoß gegen die Sorgfalt in den eigenen Angelegenheiten anzusehen. Dagegen sind Vernichtung und Zwangsvollstreckung des Leistungsgegenstands, unabhängig vom Zeitpunkt der Kenntnisnahme, pflichtwidrig und verschuldet, da solches Verhalten im Regelfall durch die vertraglich bzw. gesetzlich vorausgesetzte Nutzung nicht gedeckt ist[380].

---

377 Oben A.

378 Oben B, C.

379 Oben C II, D.

380 Oben E.

Kapitel 6. Leistungsstörungen im Rückgewährschuldverhältnis nach Rücktrittserklärung gem. § 346 Abs. 4

A. Schadensersatzpflicht gem. § 346 Abs. 4

Nach § 346 Abs. 4 schuldet jeder Rückgewährschuldner bei Verletzung einer Pflicht aus § 346 Abs. 1, also wegen Verletzung der Pflicht zur Rückgabe des empfangenen Gegenstandes bzw. zur Herausgabe der gezogenen Nutzungen, Schadensersatz nach den allgemeinen Leistungsstörungsrechten. Dieser Schadensersatzanspruch des Rückgewährgläubigers bleibt von den Befreiungen von der Wertersatzpflicht des § 346 Abs. 3 S. 1 unberührt[381]. Mit Pflichtverletzung ist nach § 280 Abs. 1 jedes objektiv nicht dem Schuldverhältnis entsprechende Verhalten des Schuldners zu verstehen[382].

Die eigenständige bzw. praktische Bedeutung des Schadensersatzanspruchs liegt darin, dass anders als beim Wertersatzanspruch, bei dem nur ein Ausgleich für den geminderten oder verlorengegangenen Substanzwert zu leisten ist, beim Schadensersatz auch die über die Verschlechterung des empfangenen Gegenstands hinausgehenden sonstigen Folgeschäden wie Nutzungsausfall oder entgangenen Gewinn erfasst[383].

---

381 BT-Drucks., 14/6040, S. 196; *Lorenz*, Schuldrecht, Rn. 434; *Kamanabrou*, NJW 2003, 30, 31; jurisPK/*Faust*, § 346, Rn. 98: Auch in der Begründung stellt das klar, dass für Schadensersatzansprüche ausschließlich die Vorschriften des allgemeinen Leistungsstörungsrechts maßgebend sind.

382 Vgl. *Canaris*, JZ 2001, 499, 512; BT-Drucks., 14/6040, S. 135; *Gaier*, WM 2002, 1, 11.

383 *Arnold*, Jura 2002, 154, 158; *Schwab*, in: Schwab/Witt, Rückabwicklung, S. 205 f.; *ders.*, JuS 2002, 630, 636; *Faust*, Schuldrechtsmodernisierung, § 10, Rn. 46; Aber die Schadensersatzpflicht darf über den Wertersatz nicht hinausgehen, solange bzw. soweit der Rückgewährschuldner nicht gem. § 276 haftet; vgl. *Glaß*, Rücktritt, S. 41 f.; *Leser*, Rücktritt, S. 199 f.; *Wieling*, JuS 1973, 397, 400 f.; *Kohler*, Rückabwicklung, S. 419 f.; *Kaiser*, Rückabwicklung, S. 282, 285.

B. Der Entstehungszeitpunkt von Rücksichtnahmepflichten im Rahmen des Rückgewährschuldverhältnisses

Nach § 346 Abs. 4 schuldet der Rückgewährschuldner nach der Rücktrittserklärung für jedes fahrlässige Fehlverhalten Schadensersatz. Eine derartige Verletzung setzt allerdings ein Vertretenmüssen des Rückgewährschuldners voraus. Unklar ist aber, wann eine solche Pflicht entsteht[384].

Wegen der theoretischen Möglichkeiten lässt sich der Entstehungszeitpunkt von Rücksichtnahmepflichten im Rahmen des Rückgewährschuldverhältnisses nicht einfach bestimmen, etwa dadurch, dass die Haftung des § 346 Abs. 4 erst ab Rücktrittserklärung in Betracht kommt. Solche Rücksichtnahmepflichten können mit Abschluss des ursprünglichen Vertrages, mit Übergabe der Sache, mit Kenntnis bzw. fahrlässiger Unkenntnis des Rücktrittsgrundes oder mit der Erklärung des Rücktritts entstehen[385].

I. Ab Erklärung des Rücktritts

Nach dem klaren Wortlaut des § 346 Abs. 4 i. V. m. Abs. 1 „im Fall des Rücktritts" ist die Rücksichtnahmepflicht erst ab Erklärung des Rücktritts unproblematisch anzunehmen[386]. Denn der Gesetzgeber hat bewusst auf das Eigentümer-Besitzer-Verhältnis im alten Recht verzichtet und auch nach überwiegender Auffassung wandelt sich das ursprüngliche Vertragsverhältnis erst mit der Rücktrittserklärung in ein gegenläufiges Rückgewährschuldverhältnis um[387]. Führt nach diesem Zeitpunkt der Rückgewährschuldner durch sein Verschulden die Unmöglichkeit der Rückgabe bzw. der Nutzungsherausgabe herbei, haftet er gem. §§ 280 Abs. 1, 3, 283 auf Schadensersatz statt der Leistung, ohne sich auf den Wegfall der Bereicherung gem. § 818 Abs. 3 oder der Wertersatzpflicht gem. § 346 Abs. 3 S. 1 berufen zu können[388].

---

[384] Vgl. *Hager*, in: FS Musielak, S. 196 f.; jurisPK/*Faust*, § 346, Rn. 97; Die Bedeutung des Vertretenmüssens im allgemeinen Schuldrecht, *Lorenz*, NJW 2005, 1889, 1890.

[385] *Hager*, in: FS Musielak, S. 196 f.; *ders.*, AnwKom, § 346, Rn. 15 f.; *Leser*, Rücktritt, S. 175 f.; *Gaier*, WM 2002, 1, 11 f.; *ders.*, MünchKom, § 346, Rn. 61; *Schwab*, JuS 2002, 630, 636 f.: Dies Auslegungsproblem ist auf die Regelungslücke des § 346 Abs. 4 zurückzuführen.

[386] *Brox/Walker*, Schuldrecht, § 18, Rn. 19; *Lorenz*, Schuldrecht, Rn. 434.

[387] Vgl. Erman/ *Bezzenberger*, § 346, Rn. 31; *Hager*, in: FS Musielak, S. 197; *Lorenz*, Schuldrecht, Rn. 434; unten C.

[388] *Brox/Walker*, Schuldrecht, § 18, Rn. 19; *Lorenz*, Schuldrecht, Rn. 434.

II. Ab Kenntnisnahme vom Rücktrittsgrund

Die Rechtspflicht zur sorgsamen Behandlung der zurückzugebenden Sache kann sich unter Umständen schon früher ergeben. Der Rückgewährschuldner soll auch schon für sein Verhalten vor der Erklärung des Rücktritts, also vor dem Entstehen des Rückgewährschuldverhältnisses, auf Schadensersatz nach § 346 Abs. 4 haften, wenn er den Rücktrittsgrund kennt oder kennen muss[389]. Auf diese Pflichten kann man sich insoweit als „von der Rückgabepflicht zu trennende vorgreifliche Rücksichtnahmepflichten“ berufen[390].

In Anbetracht des Kennenmüssens des Rücktrittsgrundes werfen einige Autoren die Frage auf, worin der Vorwurf gegen den Rücktrittsberechtigten liegt[391]. Der Rücktrittsberechtigte als ein Vollrechtsinhaber der erhaltenen Leistung kann davon ausgehen, dass der Vertrag störungsfrei durchgeführt wird und infolgedessen er die erhaltene Sache endgültig behalten darf. Daher braucht der Rücktrittsberechtigte nicht nach Gründen zu suchen, die zu einer Rückabwicklung des Vertrags führen könnten. Aber diese dadurch bedingte Privilegierung des nachlässigen Rücktrittsberechtigten kann zu unangemessenen Ergebnissen führen. Während der sorgfältige Rücktrittsberechtigte ab Kenntnis des Rücktrittsgrunds für den verschuldeten Untergang haftet, ist der unsorgfältige Rücktrittsberechtigte auf Grund seiner fahrlässigen Unkenntnis von der Haftung freigestellt. Um solche unbilligen Ergebnisse zu vermeiden, ist zumindest die grob fahrlässige Unkenntnis des Rücktrittsberechtigten von seinem Rücktrittsrecht, der Kenntnis des Rücktrittsrechts gleichzustellen[392].

III. Ab Zeitpunkt des Leistungsaustausches

Rücksichtnahmepflichten der Interessen des potentiell künftigen Rückgewährgläubigers im Rahmen des Rückgewährschuldverhältnisses existieren bereits nach dem Austausch der ursprünglich geschuldeten Leistungen[393]. Diese

---

389 BT-Drucks., 14/6040, S. 86; BT-Drucks., 14/7052, S. 193 f.; *Gaier*, WM 2002, 1, 10 f.; Erman/*Bezzenberger*, § 346, Rn. 32; *Hager*, in: FS Musielak, S. 199, Fn. 24.

390 *Kaiser*, Rückabwicklung, S. 267 ff.; a. A. *Wolf*, AcP 153, 97, 98 f.; vgl. oben Kap. 5, C II, D.

391 BT-Drucks., 14/6040, S. 194; Jauernig/*Stadler*, § 346, Rn. 9; jurisPK/*Faust*, § 346, Rn. 97; *Kamanabrou*, NJW 2003, 30, 31; vgl. Kap. 5, C, D.

392 *Kamanabrou*, NJW 2003, 30, 31 f.

393 Vor allem *Hager*, in: FS Musielak, S. 198; *ders.*, AnwKom, § 346, Rn. 15 f.; Erman/

ergeben sich auf der Grundlage des Rückgewährschuldverhältnisses. Denn nur durch den Rücktritt wandelt sich das Schuldverhältnis in ein Rückgewährschuldverhältnis um, aber dabei handelt es sich um kein neues Rechtsverhältnis, sondern um die Fortsetzung des ursprünglichen Vertragsverhältnisses in modifizierter Form[394]. Diese Pflichtenstellung entspringt nicht dem Rückgewähr-, sondern dem Vertragsverhältnis in seiner ursprünglichen Gestalt[395].

Nach h. M. ist § 285 Abs. 1 auf den Anspruch aus § 346 Abs. 1 anzuwenden[396]. Dabei spielt es keine Rolle, ob der Ersatzanspruch vor oder nach Rücktrittserklärung entstanden ist bzw. wann der Ersatz verlangt wird. Der vor Rücktrittserklärung eingezogene Kaufpreis für die an einen Dritten veräußerte Sache ist auch anstelle dessen herauszugeben[397]. Auch in folgenden Fällen setzt die Haftung des Rückgewährschuldners für Rücksichtnahmepflichten tatsächlich schon vor der Rücktrittserklärung ein, in denen die Rücktrittsmöglichkeit den Betroffenen anfänglich bewusst ist oder in denen der Fehler vom Verkäufer verschuldet wird. Diesem Gedanken ist der Gesetzgeber auch gefolgt[398].

IV. Eigene Auffassung

Nach Klarstellung des § 346 Abs. 4 i. V. m. Abs. 1 entsteht zwar eine Rückgewährpflicht mit der Rücktrittserklärung, aber Rücksichtnahmepflichten im Rahmen der Rückgewährpflicht können unter einigen Voraussetzungen schon früher entstehen. Das Argument „ab Kennen bzw. Kennenmüssen des Rücktrittsgrunds" ist auch von mir schwer zu akzeptieren, da die beiderseitigen Rücksichtnahmepflichten i. S. d. § 241 Abs. 2 nicht durch die bloße Kenntnis vom Rücktrittsgrund, sondern bereits nach dem ursprünglichen Leistungsaustausch entstehen[399]. Das ursprüngliche Vertragsverhältnis wird nur durch die

---

Bezzenberger, § 346, Rn. 31 f.; *Canaris*, Schuldrechtsreform, Einl., XLVI; *Kamanabrou*, NJW 2003, 30, 31.

[394] *Leser*, Rücktritt, S. 159 ff.; AnwKom/*Hager*, § 346, Rn. 14, Fn. 90 f.; *Rolland*, in: Schuldrecht, § 4, Rn. 8.

[395] Bamberger/Roth/*Grothe*, § 346, Rn. 36; Palandt/*Heinrichs*, § 241, Rn. 6 f.

[396] BT-Drucks., 14/6040, S. 194; AnwKom/*Hager*, § 346, Rn. 16; MünchKom/*Gaier*, § 346, Rn. 49; Palandt/*Grüneberg*, § 346, Rn. 20.

[397] AnwKom/*Hager*, § 346, Rn. 16, 70; *ders.*, in: FS Musielak, S. 196 f.

[398] *Hager*, in: FS Musielak, S. 196 f.; *ders.*, AnwKom, § 346, Rn. 16; BT-Drucks., 14/7052, S. 192.

[399] *Larenz*, Schuldrecht, § 10 II e), S. 138; Palandt/*Heinrichs*, § 241, Rn. 6 f.; Staudinger /*Olzen*, § 241, Rn. 153 f.; *Faust*, Schuldrechtsmodernisierung, § 10, Rn. 48: Nach der

spätere Rücktrittserklärung ins Rückgewährschuldverhältnis umgewandelt, daher bleibt die Rücksichtnahmepflicht i. S. d. § 241 Abs. 2 i. V. m. § 280 Abs. 1 im Rahmen des Rückgewährschuldverhältnisses unberührt. Auch mit der Annahme, dass die Rücksichtnahmepflicht schon mit dem Leistungsaustausch entsteht, erklärt sich die von der h. M. anerkannte analoge Anwendung des § 285 Abs. 1 auf den Anspruch aus § 346 Abs. 1 für widerspruchsfrei[400]. Zwar ist als Entstehungszeitpunkt der Rücksichtnahmepflichten im Rahmen des Rückgewährschuldverhältnisses direkt nach dem Leistungsaustausch anzunehmen, aber das Vertretenmüssen des Rückgewährschuldners für die spätere Schadensersatzpflicht kann erst ab Kenntnis oder fahrlässiger Unkenntnis vom Rücktrittsgrund bejaht werden. Denn vor diesem Zeitpunkt haftet er mangels des vorwerfbar pflichtwidrigen Verhaltens gegenüber dem späteren Rückgewährgläubiger zumindest nicht für Schadensersatz[401].

C. Anwendbarkeit des § 346 Abs. 4 nach bzw. vor Ausübung des Rücktrittsrechts

Während § 346 Abs. 4 für den Zeitraum nach Rücktrittserklärung auf die allgemeinen Schadensersatzvorschriften in §§ 280 ff verweist, besteht hingegen in § 346 Abs. 4 für den Zeitraum vor der Rücktrittserklärung keine Regelung. Daher soll die Anwendbarkeit vor Rücktrittserklärung je danach gelöst werden, ob ein vertragliches oder ein gesetzliches Rücktrittsrecht vorliegt und ob das schädigende Ereignis vor oder nach der Rücktrittserklärung eintritt[402].

I. Anwendbarkeit des § 346 Abs. 4 nach Erklärung des Rücktritts

Unproblematisch ist freilich, dass § 346 Abs. 4 nach der Erklärung des Rücktrittsrechts jedenfalls eingreift. Verletzt der Rückgewährschuldner schuld-

---

Ansicht von *Larenz* können solche Pflichten sich schon im Stadium der Vertragsverhandlungen ergeben.

400 BT-Drucks., 14/6040, S. 164 f.; jurisPK/*Faust*, § 346, Rn. 100 f.; AnwKom/*Hager*, § 346, Rn. 15 f., 67 f.; *ders.*, in: FS Musielak, S. 196 f.: § 285 gilt auch in Fällen anfänglicher Unmöglichkeit.

401 AnwKom/*Hager*, § 346, Rn. 17; jurisPK/*Faust*, § 346, Rn. 97.

402 *Faust*, Schuldrechtsmodernisierung, § 10, Rn. 46; *Looschelders*, Schuldrecht, Rn. 858; *Kamanabrou*, NJW 2004, 30, 31 f.; Bamberger/Roth/*Grothe*, § 346, Rn. 35 f.; Erman/*Bezzenberger*, § 346, Rn. 31 f.; *Muthers*, in: Henssler/Graf von Westphalen, Schuldrechtsreform, § 346, Rn. 19, 22.

haft eine der durch den Rücktritt entstandenen Rückgewährpflichten, schuldet er nicht mehr nur eine Pflicht i. S. v. § 241 Abs. 2, sondern Schadensersatz nach den allgemeinen Regeln der §§ 280 ff.

II. Anwendbarkeit des § 346 Abs. 4 vor Erklärung des Rücktritts

Nach § 346 Abs. 4 ist der Rückgewährschuldner vor der Erklärung des Rücktrittsrechts nicht zur Rückgewähr oder Herausgabe in unversehrtem Zustand verpflichtet und verletzt deshalb keine Pflicht i. S. v. § 346 Abs. 1. Entgegen diesem deutlichen Wortlaut soll der Rückgewährschuldner auch schon für sein Verhalten vor der Erklärung des Rücktritts, also vor dem Entstehen des Rückgewährschuldverhältnisses, unter gewissen Voraussetzungen nach § 346 Abs. 4 auf Schadensersatz haften[403].

1. Vertraglich vorbehaltenes Rücktrittsrecht

Nach Ansicht der Gesetzesverfasser[404] und nach der heutigen h. M[405] bestehen jedenfalls beim vertraglich vorbehaltenen Rücktrittsrecht schon ab dem Empfang der Leistung Sorgfaltspflichten im Umgang mit der Sache. Zwar verletzen die Vertragspartner keine Primärleistungspflicht, da sie vor Ausübung des Rücktrittsrechts nicht zur Rückgewähr der Leistung verpflichtet sind, wohl aber eine Pflicht i. S. v. § 241 Abs. 2[406]. Diese sind als echte Rechtspflichten zu qualifizieren und ihre Verletzung stellt daher ein Verschulden im technischen Sinne der §§ 276, 278 dar, weil das Rücktrittsrecht anfänglich im Vertrag enthalten ist und die Parteien daher jederzeit sorgfältig mit der erhaltenen Leistung umgehen müssen. Für den Inhalt und den Umfang der Sorgfaltpflichten ist das Kriterium des vertrags- bzw. bestimmungsgemäßen Gebrauchs der erlangten Sache von zentraler Bedeutung[407].

---

403 BT-Drucks., 14/6040, S. 195; *Rolland*, in: Schuldrecht, § 4, Rn. 72 f.; *Gaier*, WM 2002, 1, 11 f.; Erman/*Bezzenberger*, § 346, Rn. 32; vgl. oben C II.

404 BT-Drucks., 14/6040, S. 195.

405 *Canaris*, Schuldrechtsreform, Einl., XLVI; *Looschelders*, Schuldrecht, Fn. 861; AnwKom/*Hager*, § 346, Rn. 15 f; *Arnold*, Jura 2002, 154, 158.

406 *Faust*, Schuldrechtsmodernisierung, § 10, Rn. 48; *ders.*, jurisPK, § 346, Rn. 94 f.

407 Vgl. *Canaris*, Schuldrechtsreform, Einl., XLVI; *Rheinländer*, ZGS 2004, 178, 181, Fn. 20; *Faust*, Schuldrechtsmodernisierung, § 10, Rn. 48.

2. Gesetzliches Rücktrittsrecht

Der gesetzliche Rücktrittsgegner soll ab Leistungsempfang haften, selbst wenn der Rücktritt für ihn nicht voraussehbar war, da er den Rücktritt zu vertreten hat[408]. Dagegen kann der Rücktrittsberechtigte beim gesetzlichen Rücktrittsrecht zunächst davon ausgehen, dass er den empfangenen Gegenstand endgültig behalten darf. Eine Rechtspflicht zum sorgfältigen Umgang mit der empfangenen Sache entsteht für ihn erst, wenn er den Rücktrittsgrund kennt oder kennen muss[409].

D. Leistungsstörungen im Einzelnen

Ein Schadensersatzanspruch nach den §§ 346 Abs. 4, 1 i. V. m. §§ 280 ff. kommt abhängig davon in Betracht, ob den Rückgewährschuldner ein Verschuldensvorwurf trifft. Maßstab für die Rücksichtnahmepflicht ist der Vertrag, bei fehlender Vereinbarung die Verkehrsauffassung. Hier sind die einzelnen Fälle unter dem Gesichtspunkt berücksichtigt, wann eine zu vertretende Pflichtverletzung vorliegt[410].

I. Schlechterfüllung

Hinsichtlich des zurückzugewährenden Leistungszustands geht das Gesetz davon aus, dass der Leistungsgegenstand in einem der bestimmungsgemäßen Nutzung entsprechenden Zustand zurückgewährt wird[411]. Gibt der Rückgewährschuldner den erhaltenen Leistungsgegenstand in einem qualitativ schlechteren Zustand zurück, als dies seiner vertrags- bzw. sachgemäßen Nutzung entspricht, so stellt das bereits eine Pflichtverletzung dar, da § 346 Abs. 1 hierfür mit der Verpflichtung zur Nutzungsherausgabe einen Ausgleich schafft[412].

---

[408] Palandt/*Grüneberg*, § 346, Rn. 17; Erman/*Bezzenberger*, § 346, Rn. 33; *Hager*, in: FS Musielak, S. 197; *Looschelders*, Schuldrecht, Rn. 863; Bamberger/Roth/*Grothe*, § 346, Rn. 37.

[409] *Looschelders*, Schuldrecht, Fn. 862; a. A. *Rheinländer*, ZGS 2004, 178, 181; Erman/*Bezzenberger*, § 346, Rn. 34.

[410] Vgl. oben Kap. 2, B III 1; Kap. 5, E II.

[411] BT-Drucks., 14/6040, S. 134.

[412] *Gaier*, WM 2002, 1, 12 f.; *ders.*, MünchKom, § 346, Rn. 43, 67.

In Anbetracht der Rücksichtnahmepflicht des Rückgewährschuldners auf die Interessen des Rückgewährgläubigers ist vor allem problematisch, ob er nach Kenntnisnahme von seiner potentiellen Rückgewährpflicht den Leistungsgegenstand weiter nutzen darf. Nach der Ansicht von *Kaiser* darf er ab diesem Zeitpunkt den Leistungsgegenstand über den bloßen Gebrauch hinaus nicht gefährden. Selbst wenn dies vom Vertragszweck gedeckt ist, darf er den Gegenstand nicht verbrauchen, verarbeiten und weiterveräußern[413]. Hingegen ist nach Ansicht von *Faust* der bestimmungsgemäße Gebrauch der Leistung bis zur Erklärung des Rücktritts keinesfalls pflichtwidrig. § 347 Abs. 1 S. 1 verpflichtet die Parteien auch dazu, die empfangene Leistung entsprechend den Regeln einer ordnungsmäßigen Wirtschaft zu nutzen[414]. M. E. soll der potentielle Rückgewährschuldner auch nach Kenntnisnahme von seiner möglichen Rückgewährpflicht den Leistungsgegenstand weiter nutzen dürfen. Dadurch können die Interessen des potentiellen Rückgewährgläubigers zwar gefährdet werden, aber diese Gefahr wird durch die Wertersatzpflicht von § 346 Abs. 2 wesentlich reduziert. Vielmehr ist dem potentiellen Rückgewährschuldner unter Berücksichtigung seiner Ersatzpflicht für nicht gezogene Nutzungen von § 347 Abs. 1 S. 1 nicht zumutbar, bereits vor der Rücktrittserklärung auf seinen Weitergebrauch zu verzichten[415]. Jedoch darf er den Leistungsgegenstand gemäß den Wertungen aus §§ 280 Abs. 1, 241 Abs. 2 ab Rücktrittserklärung grundsätzlich nicht mehr nutzen. Soweit die weitere Benutzung im Zeitraum bis zur Rückgabe auch im Interesse des Rückgewährgläubigers liegt, kann ein Weitergebrauch gerechtfertigt sein[416].

II. Vom Rückgewährschuldner zu vertretende Unmöglichkeit

Eine Pflicht aus § 346 Abs. 1 ist i. S. v. § 280 Abs. 1 auch dann verletzt, wenn der Rückgewährschuldner die Rückgewährunmöglichkeit des Leistungsgegenstands verschuldet hat. Da der Rückgewährschuldner die Unmöglichkeit i. S. v. § 275 Abs. 1 nach der Rücktrittserklärung - also nach dem Entstehen einer Rückgewährverpflichtung - vorsätzlich oder unter Verletzung der im Verkehr erforderlichen Sorgfalt verursacht hat, ist der Rückgewährschuldner von diesem

---

[413] *Kaiser*, JZ 2001, 1057, 1064; *dies.*, Staudinger, § 346, Rn. 200; MünchKom/*Gaier*, § 346, Rn. 68; Palandt/*Grüneberg*, § 346, Rn. 16.

[414] jurisPK/*Faust*, § 346, Rn. 96.

[415] Vgl. jurisPK/*Faust*, § 346, Rn. 96.

[416] Vgl. BGH, NJW 1984, 1525, 1526; BGH, NJW 1992, 170, 171; BGH, NJW 1998, 3197, 3199; MünchKom/*Gaier*, § 346, Rn. 67; *ders.*, WM 2002, 1, 12; Kap. 5, E II.

Zeitpunkt an dem Rückgewährgläubiger nach § 283 zu Schadensersatz statt der Leistung verpflichtet[417]. Auch ab diesem Zeitpunkt handelt der Rückgewährschuldner schuldhaft, wenn er den Leistungsgegenstand nicht ordnungsgemäß gegen Diebstahl oder Witterungseinflüsse gesichert hat[418]; ferner auch bei einem Verlust des Leistungsgegenstands durch Zwangsvollstreckung oder beim einfachen Wegwerfen der erhaltenen Sache[419].

Schwierigkeiten entstehen erst, wenn der Rückgewährschuldner vor der Rücktrittserklärung den Leistungsgegenstand durch unsorgfältige Behandlung zerstört hat. In diesem Fall soll das Pflichtenprogramm der vom Schuldner zu vertretenden Unmöglichkeit vor Entstehen des Rückgewährschuldverhältnisses auf vorvertragliche Pflichten des Rückgewährschuldners gerichtet werden, die zu den Schutzpflichten des Rückgewährschuldners entwickelt wurden. Solche Pflichten sind auch vor Begründung des Rückgewährschuldverhältnisses zu beachten und ausschlaggebend für das Pflichtenprogramm[420]. Danach wird durch eine vor dem Rücktritt eingetretene Unmöglichkeit beim gesetzlichen Rücktrittsrecht nur dann eine Pflicht aus § 346 Abs. 1 schuldhaft verletzt, wenn der Schuldner bei Entstehen des Leistungshindernisses den Rücktrittsgrund kannte oder kennen musste[421].

III. Verzug

Die Rechtsfolge eines Verzugs kommt nur nach der Rücktrittserklärung in Betracht, da ein Verzug in § 286 Abs. 1 den Eintritt der Fälligkeit voraussetzt. Erfüllt der Schuldner nach diesem Zeitpunkt seine Verpflichtung aus dem Rückgewährverhältnis nicht, so kann der Gläubiger nach §§ 280 Abs. 2, 286 Ersatz des Verzögerungsschadens sowie unter den Voraussetzungen der §§ 280 Abs. 1, 281 Schadensersatz statt der Leistung verlangen[422]. Nach § 287 S. 1, 2 hat der Schuldner während des Verzugs nicht nur jede Fahrlässigkeit, vielmehr auch

---

417 Vgl. MünchKom/*Gaier*, § 346, Rn. 68; *ders.*, WM 2002, 1, 13.

418 z. B. ein nicht abgesperrtes Fahrrad oder ein Motorrad über Jahre ohne Schutz im Freien.

419 AnwKom/*Hager*, § 346, Rn. 61; MünchKom/*Gaier*, § 346, Rn. 68; vgl. Kap. 5, E II.

420 Vgl. *Gaier*, WM 2002, 1, 13 f.; jurisPK/*Faust*, § 346, Rn. 101; *Kohler*, JZ 2002, 1127, 1129 f.

421 Bamberger/Roth/*Gehrlein*, § 311a, Rn. 8; *Gaier*, WM 2002, 1, 13 f.; *ders.*, MünchKom, § 346, Rn. 68; AnwKom/*Dauner-Lieb*, § 311a, Rn. 18.

422 *Rolland*, in: Schuldrecht, § 4, Rn. 70; vgl. *Tiedtke*, NJW 1984, 767, 770.

Zufallsschäden zu vertreten. Bei Verzug jedes Rückgewährschuldners haben beide Parteien auch die Möglichkeit, nach einer Fristsetzung gem. § 281 den Rückgewähranspruch durch einen Anspruch auf Schadensersatz statt der Leistung abzulösen[423].

E. Nutzungen und Verwendungen

I. Nutzungsersatz

Hinsichtlich der Nutzungen hat sich der Gesetzgeber dazu entschlossen, die als „wenig transparent“ angesehene Verweisung in das Eigentümer-Besitzer-Verhältnis gem. § 347 a. F. zu streichen, und stattdessen die Nutzungsherausgabe für den Rücktritt eigenständig zu regeln[424]. Darunter wurden die Herausgabe tatsächlich gezogener Nutzungen und die Erstattung nicht gezogener Nutzungen jeweils getrennt und in verschiedenen Vorschriften normiert, um im Gesetz mehr Übersichtlichkeit zu erzielen.

1. Herausgabe gezogener Nutzungen gem. § 346 Abs. 1

Nach § 346 Abs. 1 hat der Rückgewährschuldner tatsächlich gezogene Nutzungen herauszugeben. Zu den Nutzungen gehören sowohl die Früchte als auch die Gebrauchsvorteile einer Sache oder eines Rechts[425]. Diese Regelung kommt aber nicht in Betracht, wenn die empfangene Leistung in der Gewährung des Gebrauchs der Sache besteht, da die Gebrauchsvorteile keine Nutzung der empfangenen Hauptleistung sind, sondern selbst die Hauptleistung bilden[426].

Früchte gem. § 99 sind grundsätzlich in Natur herauszugeben. Aber wenn dem Rückgewährschuldner die Herausgabe der von ihm gezogenen Sachfrüchte

---

423 Vgl. *Gaier*, WM 2002, 1, 14; *ders.*, MünchKom, § 346, Rn. 69.

424 Abschlussbericht, S. 189; BT-Drucks., 14/6040, S. 197; vgl. *Lorenz*, in: Schulze/ Schulte-Nölke, Schuldrechtsreform, S. 342; *Kaiser*, JZ 2001, 1057, 1066; krit. dazu. *Kohler*, JZ 2001, 325. 334.

425 Staudinger/*Jickeli/Stieper*, § 100, Rn. 1; Palandt/*Heinrichs*, § 100, Rn. 1; *Faust*, Schuldrechtsmodernisierung, § 10, Rn. 66: Empfangenes Geld wird ebenso behandelt wie andere Gegenstände.

426 Vgl. *Faust*, Schuldrechtsmodernisierung, § 10, Rn. 55; Kap. 2, B I.

unmöglich ist, ergeben sich daraus gewisse Schwierigkeiten, da ein solcher Fall im Gesetz ungeregelt bleibt[427]. Daher haftet er nicht nach § 346 Abs. 2 S. 1 auf Wertersatz, da die Herausgabe nicht nach Natur des Erlangten ausgeschlossen ist und §§ 346 Abs. 2 S. 1 Nr. 2 und 3 nur die Veräußerung bzw. den Untergang des empfangenen Gegenstands erfassen, sondern nach allgemeinen Vorschriften der §§ 280 ff. auf Schadensersatz[428]. Dadurch könnten aber folgende unbillige Ergebnisse entstehen, nämlich, dass während der Rückgewährschuldner hinsichtlich des empfangenen Gegenstands grundsätzlich verschuldensunabhängig auf Wertersatz haftet, er bezüglich der gezogenen Sachfrüchte dagegen bei unverschuldetem ersatzlosem Untergang frei wird. Aber in Anbetracht der Rückgewährpflicht aus dem Rückgewährschuldverhältnis ist die empfangene Leistung mit den daraus gezogenen Nutzungen i. S. v. § 346 Abs. 1 gleichzustellen. Daher sollen §§ 346 Abs. 2 S. 1 Nr. 2 und 3 auf die gezogenen Nutzungen analog angewendet werden[429].

Soweit es sich bei den Nutzungen um Gebrauchsvorteile handelt, ist nach § 346 Abs. 2 S. 1 Nr. 1 ihr Wert zu ersetzen[430]. Diese Vorteile sind in den Fällen, wie etwa bei Gebrauchsgütern des täglichen Lebens, im Wege der zeitanteiligen linearen Wertminderung zu berechnen[431]. Denn die Gebrauchsvorteile werden mit dem Teil des Kaufpreises gleichgesetzt, der der Dauer der tatsächlichen Nutzung im Verhältnis zu vertraglich vorausgesetzten Nutzungszeit entspricht[432].

---

[427] *Arnold*, Jura 2002, 154, 159; *Faust*, Schuldrechtsmodernisierung, § 10, Rn. 56: *Arnold* hat dieses Problem auf das offensichtliche Übersehen des Gesetzgebers zurückgeführt.

[428] *Arnold*, Jura 2002, 154, 159; *Herold*, Rückabwicklungsschuldverhältnis, S. 184 f.; vgl. *Krebs*, DB 2000, Beil. 14, 1, 13.

[429] *Arnold*, Jura 2002, 154, 159; *Faust*, Schuldrechtsmodernisierung, § 10, Rn. 56; vgl. *Herold*, Rückabwicklungsschuldverhältnis, S. 184 f.

[430] Vgl. a. A. *Kaiser*, in: Schuldrecht, S. 206 f.; *dies.*, JZ 2001, 1057, 1066: Ihrer Ansicht nach sind Verbrauchsvorteile auch in § 346 Abs. 1 klarzustellen und demnach zu ersetzen, da der Rückgewährschuldner aus dem Verbrauch Nutzungen gezogen hat; oben Kap. 2, B I.

[431] Das OLG Saarbrücken (NJW-RR 1990, 493) hatte erstmals die lineare Teilwertabschreibung für die Berechnung des Gebrauchsvorteils eines Lkw aufgestellt: „Der Gebrauchsvorteil des wandelungsberechtigten Käufers ist auch bei einem gewerblich genutzten Lkw auf der Grundlage einer anteiligen linearen Wertschwundberechnung zu ermitteln (Kaufpreis: voraussichtliche Gesamtfahrleistung mal tatsächliche Laufleistung beim Käufer = Gebrauchsvorteil des Käufers)."

[432] BT-Drucks., 14/6040, S. 193; *Kaiser*, in: Westermann, Schuldrecht, S. 206 f.; *dies.*, JZ 2001, 1057, 1066 f.; *Faust*, Schuldrechtsmodernisierung, § 10, Rn. 57: Sofern für die Leistung eine Gegenleistung vereinbart ist, ist der Wert wie § 346 Abs. 2 S. 2 auf ihrer

Aber für die Berechnung der Gebrauchsvorteile, die der Rückgewährschuldner aus Gegenständen zieht, deren Wert durch Zeitablauf oder Nutzungen nicht gemindert, sondern gegebenenfalls noch gesteigert wird, passt diese Berechnungsmethode nicht[433]. Die Nutzungen in solchen Fällen müssen vielmehr mit Hilfe des durchschnittlichen Miet- oder Pachtzinses pauschaliert werden[434].

2. Ersatz für nicht gezogene Nutzungen gem. § 347 Abs. 1

Nach § 347 Abs. 1 S. 1 muss jeder Rückgewährschuldner Wertersatz für die Nutzungen leisten, die er entgegen den Regeln einer ordnungsgemäßen Wirtschaft nicht gezogen hat, obwohl er sie hätte ziehen können[435]. Während §§ 347 S. 2 a. F., 987 Abs. 2 für die Wertersatzpflicht des Rückgewährschuldners ein Verschulden voraussetzten, löst § 347 Abs. 1 S. 1 die Haftung für nicht gezogene Nutzungen vom Verschuldensprinzip und stellt als entscheidendes Kriterium auf die Möglichkeit der Nutzziehung ab[436]. Denn zum Zeitpunkt, in dem der Rückgewährschuldner Nutzungen entgegen den Regeln einer ordnungsmäßigen Wirtschaft nicht zieht, weiß er in der Regel auch nichts von seiner künftigen Rückgabepflicht und muss es nicht wissen und kommt daher ein Verschulden im technischen Sinne nicht in Betracht[437]. Was den Regeln einer ordnungsgemäßen Wirtschaft entspricht, kann vor allem nach dem jeweiligen Vertragsinhalt bestimmt werden. Im Übrigen ist ordnungsgemäße Wirtschaft wie im Eigentümer-Besitzer-Verhältnis im Einzelfall als objektiver Maßstab der vernünftigen Wirtschaftsführung zu verstehen[438].

Basis zu bestimmen.

433 z. B. Grundstücke, Unternehmen und Antiquitäten.

434 Vor allem. *Kaiser*, JZ 2001, 1057, 1066 f.; *dies.*, in: Westermann, Schuldrecht, S. 206 f.

435 Staudinger/*Kaiser*, § 347, Rn. 1; AnwKom/*Hager*, § 347, Rn. 1; *Arnold*, Jura 2002, 154, 159: Entgegen ihrer missverständlichen amtlichen Überschrift „Nutzungen und Verwendungen nach Rücktritt“ erfasst § 347 Nutzungen und Verwendungen schon vom Empfang der Leistungen bis zur endgültigen Rückgabe.

436 a. A. nur AnwKom/*Hager*, § 347, Rn. 3. Seiner Ansicht nach versteht der Gesetzgeber das Erfordernis des Verschuldens im technischen Sinn. Das entspricht auch der h. M. im Rahmen des § 987 Abs. 2.

437 Staudinger/*Kaiser*, § 347, Rn. 11; *Faust*, Schuldrechtsmodernisierung, § 10, Rn. 60; *Arnold*, Jura 2002, 154, 159; *Gaier*, WM 2002, 1, 6; *Schwab*, JuS 2002, 630, 637.

438 Vgl. Staudinger/*Kaiser*, § 347, Rn. 8, 13 f.; *dies.*, JZ 2001, 1057, 1067; *Faust*, Schuldrechtsmodernisierung, § 10, Rn. 61; *Gaier*, WM 2002, 1, 6; WM 1993, 1155, 1157 = NJW-RR 1993, 626, 628.

Nach § 347 Abs. 1 S. 2 wird der gesetzliche Rücktrittsberechtigte im Hinblick auf nicht gezogene Nutzungen privilegiert, wenn er diejenige Sorgfalt beachtet hat, die er in eigenen Angelegenheiten anzuwenden pflegt. Die subjektiven Anforderungen des § 347 Abs. 1 S. 1 soll durch diesen Maßstab weiter herabgesetzt werden[439]. Hier entstehen dieselben Probleme beim Ausschluss des Wertersatzes gem. § 346 Abs. 3 S. 1 Nr. 3, weswegen § 347 Abs. 1 S. 2 zumindest bis zur Kenntnisnahme des Rückgewährschuldners von seiner Rücktrittsmöglichkeit teleologisch reduziert werden soll[440]. Nach diesem Zeitpunkt darf der Rückgewährschuldner den Gegenstand nicht verschlechtern, zerstören und dadurch den Nutzungsersatzanspruch des künftigen Rückgewährgläubigers schmälern. Sonst haftet er neben § 347 Abs. 1 S. 2 auch nach § 280 Abs. 1 auf Schadensersatz.

II. Verwendungsersatz

1. Notwendige Verwendungen gem. § 347 Abs. 2 S. 1

Nach § 347 Abs. 2 S. 1 kann der Rückgewährschuldner vom Rückgewährgläubiger notwendige Verwendungen verlangen[441], wenn er den Gegenstand zurückgibt, Wertersatz leistet oder nach § 346 Abs. 3 S. 1 Nr. 1 und 2 keinen Wertersatz leisten muss. Durch diese eigenständige Regelung ist der Verweis auf das Eigentümer-Besitzer-Verhältnis in § 327 S. 2 a. F. und damit auch die Beschränkung des § 994 Abs. 2 weggefallen[442]. Der Fall des § 346 Abs. 3 S. 1 Nr. 3 ist unter folgenden Gesichtspunkten ausgeschlossen; einerseits soll der Rückgewährgläubiger, der seine Sache ersatzlos verliert, nicht noch zusätzlich

---

439 Staudinger/*Kaiser*, § 347, Rn. 16.

440 Vgl. Kap. 4, D IV 2; Kap. 5, D I.

441 Beim Begriff der Verwendungen i. S. d. § 347 Abs. 2 S. 1 geht es um Aufwendungen, die der Sache zugute kommen sollen, d. h. Maßnahmen, die der Erhaltung, Wiederherstellung oder Verbesserung der Sache dienen. AnwKom/*Hager*, § 347, Rn. 7; Staudinger/*Kaiser*, § 347, Rn. 26.

442 Vgl. *Herold*, Rückabwicklungsschuldverhältnis, S. 199 f.; *Arnold*, Jura 2002, 154, 159; *Muscheler*, AcP 187, 343, 357 f.; Soergel/*Hadding*, § 347, Rn. 4: Nach §§ 347 S. 2 a. F., 994 Abs. 2 hatte der Rückgewährgläubiger nur in diesen Fällen notwendige Verwendungen zu ersetzen, wenn sie dem Interesse und dem wirklichen oder dem mutmaßlichen Willen des Rückgewährgläubigers entsprachen (§§ 683 S. 1, 670) oder der Rückgewährgläubiger sie genehmigt (§§ 684 S. 2, 683 S. 1, 670) oder der Rückgewährgläubiger durch sie bereichert ist (§§ 684 S. 1, 818 Abs. 2, 4).

Verwendungsersatz zahlen müssen[443] und andererseits wird der Rückgewährgläubiger infolge der Aufwendung des Rückgewährschuldners nicht bereichert, da er den Gegenstand nicht zurückerhält[444].

Was unter notwendigen Verwendungen i. S. d. § 347 Abs. 2 S. 1 zu verstehen ist[445], ist sachbezogen. Als substanzerhaltende Verwendungen in diesem Sinne notwendig sind insbesondere die Kosten, die der Erhaltung oder Wiederherstellung der Sache dienen[446] und die der Rückgewährschuldner für die Aufbewahrung und Unterhaltung der Sache aufwendet[447]. Ob nutzungserhaltende Verwendungen notwendig sind, ist mit Hilfe des objektiven Maßstabes des Eigentümer-Besitzer-Verhältnisses beantwortet worden. Notwendig sind auch solche Verwendungen, die die übliche Nutzung der Sache einschließlich des bisherigen Gebrauchs ermöglicht haben[448], und die erforderlich sind, um die Sache vertragsgemäß nutzen zu können[449].

2. Nützliche Verwendungen gem. § 347 Abs. 2 S. 2

Das BGB a. F. regelte für nützliche Verwendungen keinen Ersatz, da sie nach § 996 allenfalls aus der Zeit vor Rechtshängigkeit, der gem. § 347 S. 1 a. F. dem Empfang der Leistung gleichsteht, ersatzfähig waren[450]. Nur ein Teil der

---

443 *Faust*, Schuldrechtsmodernisierung, § 10, Rn. 68; AnwKom/*Hager*, § 347, Rn. 6; Es wäre nach h. M. nämlich unbillig, den Rücktrittsgegner mit derartigen Verwendungen zu belasten, obwohl er weder die Sache zurückbekommt noch Wertersatz erhält.

444 *Kaiser*, JZ 2001, 1057, 1068.

445 Nach h. M ist die Notwendigkeit nicht aus Sicht des Gläubigers, sondern nach objektiven Maßstäben zu beurteilen. *Arnold*, Jura 2002, 154, 159; *Kaiser*, JZ 2001, 1057, 1068; AnwKom/*Hager*, § 347, Rn. 7; BGH, NJW 2002, 3478, 3479; BGH, NJW-RR 1996, 336, 337.

446 Vgl. BGHZ 10, 171, 177 f. = NJW 1953, 1466 f.; BGHZ 87, 104, 106 f. = NJW 1983, 1479, 1480; BGH, NJW 2002, 3478, 3480 = WM 2003, 140, 141; Staudinger/*Kaiser*, § 347, Rn. 28.

447 Vgl. OLG München, NJW-RR 1992, 1081, 1082; BGH WM 1982, 793; BGH, NJW 1978, 1256 f. = WM 1978, 326, 327; Staudinger/*Kaiser*, § 347, Rn. 27.

448 BGHZ 87, 104, 107 = NJW 1983, 1478, 1480; BGH, NJW 2002, 3478, 3479 f. = WM 2003, 140, 141.

449 Vgl. Staudinger/*Kaiser*, § 347, Rn. 31 ff.; *dies.*, in: Westermann, Schuldrecht, S. 208 ff.; BGH WM 1961, 1149, 1151; BGH, NJW-RR 1996, 336, 337 = WM 1996, 131, 132 f.; BGHZ 87, 296, 298 ff. = NJW 1983, 2024, 2025.

450 Soergel/*Hadding*, § 347, Rn. 4; AnwKom/*Hager*, § 347, Rn. 10; BGH, NJW 1980, 1631 f.

Literatur wollte dem gesetzlichen Rücktritts- oder dem Wandelungsberechtigten vor Kenntnis des Rücktritts- oder Wandelungsgrundes durch die Anwendung des Bereicherungsrechts oder durch eine Analogie zu den §§ 994 Abs. 1, 996 abhelfen[451].

Hingegen müssen nach § 347 Abs. 2 S. 2 dem Rückgewährschuldner die nützlichen Verwendungen ersetzt werden, soweit der Rückgewährgläubiger im Ergebnis durch sie bereichert ist, da die nützlichen Verwendungen den Wert der zurückzugebenden Sache steigern oder Übermaßnutzungen ermöglichen, die der Rückgewährschuldner nach § 346 Abs. 1 herausgeben muss. Dies Ergebnis entspricht der Interessenlage der Vertragspartner deutlich besser, daher als interessengerecht und überzeugend anzusehen[452].

F. Zwischenergebnis

Neben dem verschuldensunabhängigen Wertersatzanspruch kann der Rückgewährschuldner nach § 346 Abs. 4 Schadensersatz gem. §§ 280 - 283 verlangen, wenn der Rückgewährschuldner die Rückgewähr- bzw. Herausgabepflicht aus § 346 Abs. 1 verletzt. Während der Wertersatzanspruch aus § 346 Abs. 2 S. 1 als Ausgleich für den geminderten oder verlorengegangenen Substanzwert ohne Rücksicht auf Verschulden gewährt wird, umfasst der Schadensersatz aus § 346 Abs. 4 alle Nachteile aufgrund des schuldhaften Untergangs oder der schuldhaften Verschlechterung[453].

Die Schadensersatzpflicht aus § 346 Abs. 4 setzt ein durch Rücktritt begründetes Rückgewährschuldverhältnis voraus, das allerdings erst mit Erklärung des Rücktritts eingreift. Dagegen ergibt sich die Rechtspflicht zur sorgsamen Behandlung der zurückzugebenden Sache schon früher, also ab dem Zeitpunkt des Leistungsaustausches. Hier kommen vor allem die beiderseitigen Rücksichtnahmepflichten i. S. d. §§ 241 Abs. 2, 280 Abs. 1 in Betracht, die durch den Rücktritt unberührt bleiben[454].

---

[451] AnwKom/*Hager*, § 347, Rn. 1, 10; Soergel/*Hadding*, § 347, Rn. 10; *Larenz/Canaris*, Schuldrecht, § 69 III 1 e), S. 190 f.; *Muscheler*, AcP 187, 343, 358 f.

[452] *Kaiser*, JZ 2001, 1057, 1068; *dies.*, in: Westermann, Schuldrecht, S. 210 f.: Dem liegt der Grundsatz zugrunde, dass Nutzungen und Verwendungen zusammengehören.

[453] Oben A.

[454] Oben B.

Infolgedessen ist dem Rückgewährgläubiger der Schadensersatzanspruch des § 346 Abs. 4 nicht nur nach der Rücktrittserklärung, vielmehr auch unter gewissen Voraussetzungen vor der Rücktrittserklärung, also vor dem Entstehen des Rückgewährschuldverhältnisses, gewährt. Dieser Schadensersatzanspruch hängt davon ab, ob der Rückgewährschuldner die Unmöglichkeit oder die Verschlechterung der Leistung zu vertreten hat. Während jeder Rückgewährschuldner beim vertraglich vorbehaltenen Rücktrittsrecht vom Zeitpunkt des Leistungsaustausches an für sein schuldhaftes Verhalten zum Schadensersatz verpflichtet ist, haftet hingegen der gesetzliche Rücktrittsberechtigte erst ab Kenntnisnahme vom Rücktrittsgrund. Hierbei handelt es sich eher um ein untechnisches Verschulden als Verschulden gegen sich selbst[455].

Bezüglich der Schlechterfüllung vor Kenntnisnahme vom Rücktrittsgrund haftet der gesetzlich zum Rücktritt Berechtigte wegen des fehlenden Verschuldensvorwurfs grundsätzlich nicht auf Schadensersatz. Aber ab Kenntnisnahme vom Rücktrittsgrund ist eine Einwirkung auf die Belange des Rückgewährgläubigers mit der Behandlung des Leistungsgegenstandes verbunden, weshalb er ab diesem Zeitpunkt den Leistungsgegenstand mit erhöhten Rücksichtpflichten behandeln soll. Aber soweit ein Gebrauch der erhaltenen Leistung bestimmungs- bzw. zweckmäßig ist, soll er bis zur Rücktrittserklärung keinesfalls als pflichtwidrig bewertet werden[456]. Bei einer vom Rückgewährschuldner zu vertretenen Unmöglichkeit vor Entstehen des Rückgewährschuldverhältnisses soll der Rückgewährschuldner nach vorvertraglichen Schutzpflichten haften, da solche Pflichten auch vor Begründung des Rückgewährschuldverhältnisses zu beachten sind. Im Falle des Verzugs kann der Gläubiger nach §§ 280 Abs. 2, 286 Ersatz des Verzögerungsschadens sowie unter den Voraussetzungen der §§ 280 Abs. 1, 281 Schadensersatz statt der Leistung verlangen[457].

Um die durch die Verweisungsnormen in §§ 347 S. 2 a. F., 987 Abs. 2 auf das Eigentümer-Besitzer-Verhältnis entstandenen Schwierigkeiten zu vermeiden, hat der Gesetzgeber für Nutzungen bzw. Verwendungen in § 347 eine eigenständige Regelung gefasst. § 347 hält wesentlich am Grundsatz der §§ 347 S. 2 a. F., 987 Abs. 2 und § 994 Abs. 2 fest, aber es gibt auch einige Veränderungen; zum einen setzt § 347 Abs. 1 S. 1 das Verschulden des Rückgewährschuldners nicht mehr voraus, und stellt stattdessen auf die Möglichkeit der Nutzziehung

455 Oben C.
456 Oben D I.
457 Oben D II, III.

als Haftungskriterium ab[458]. Zum anderen wird, anders als gem. § 327 S. 2 a. F., der gesetzliche Rücktrittsberechtigte hinsichtlich der nicht gezogenen Nutzungen privilegiert, solange er die eigenübliche Sorgfalt beachtet hat. Hieraus ergeben sich dieselben Probleme, wie sie im Zusammenhang mit § 346 Abs. 3 S. 1 Nr. 3 erwähnt wurden[459], deswegen auch hier § 347 Abs. 1 S. 2 bis zum Zeitpunkt der Kenntnisnahme von seinem Rücktrittsgrund teleologisch reduziert werden soll[460]. Zum letzten kann der Rückgewährschuldner vom Rückgewährgläubiger nicht nur die notwendigen Verwendungen, sondern auch die nützlichen Verwendungen verlangen, soweit der Rückgewährgläubiger dadurch noch bereichert ist[461].

---

458 Oben E I 2.
459 Kap. 5, D I.
460 Oben E I 2.
461 Oben E II 1, 2.

Kapitel 7. Zusammenfassung der wesentlichen Ergebnisse und Schlussfolgerung

A. Wertersatzanspruch beim gestörten Rückgewährschuldverhältnis

Nach der Zielsetzung des Rücktritts haben beide Vertragsteile nach Rücktrittserklärung die jeweils erhaltenen Leistungen zurückzugewähren. Bei Unmöglichkeit der unversehrten Rückgewähr schuldet jeder Rückgewährschuldner grundsätzlich eine verschuldensunabhängige Wertersatzpflicht. Durch die einheitliche Wertersatzlösung des § 346 Abs. 2 wurden die Alles-oder-Nichts-Lösung des § 350 a. F. sowie die Schadensersatzpflicht durch Verweisung auf das Eigentümer-Besitzer-Verhältnis der § 347 S. 1 a. F., 989 ersetzt. Daher ist § 346 Abs. 2 viel einfacher, übersichtlicher und systematischer als die Vorschriften des BGB a. F. geregelt[462].

Bei nicht rückgabefähigen Leistungen hat der Rückgewährschuldner grundsätzlich gem. § 346 Abs. 2 S. 1 Nr. 1 Wertersatz zu leisten. Die Vorschrift des § 346 Abs. 2 S. 1 Nr. 1 erweitert die bisherige Regelung des § 346 S. 2 a. F. zum allgemeinen Prinzip.

Die Wertersatzpflicht statt der Rückgewähr gem. § 346 Abs. 2 S. 1 Nr. 2 tritt erst dann ein, wenn der Rückgewährschuldner die Rückgewährhindernisse endgültig nicht beseitigen kann. Denn nach dem systematischen Verständnis aus § 346 wird die Rückgewähr vorrangig gewährt sowie das Interesse des Rückgewährgläubigers liegt überwiegend darin, die hingegebene Leistung in Natur zurückzuerhalten. Daher soll § 346 Abs. 2 S. 1 Nr. 2 unter Berücksichtigung des § 275 einschränkend angewendet werden.

Anders als § 350 a. F. hat der Rückgewährschuldner die Zufallsgefahr zu tragen. Denn der Rückgewährschuldner als Sachherrschaftsinhaber ist der Schadensquelle regelmäßig näher steht als sein Vertragspartner, sowie entspricht dies vielmehr dem in §§ 446, 644 vorgeschriebenen Grundsatz. Während der Rückgewährschuldner nach § 346 Abs. 2 S. 1 Nr. 3 Hs. 2 für die durch die „bestimmungsgemäße Ingebrauchnahme“ entstandene Wertminderung keinen Ersatz zu leisten braucht, haftet er dagegen für die durch „bestimmungsgemäßen Gebrauch“ entstandene Wertminderung Wertersatz, da die Gebrauchsvorteile zu

462 Kap. 2, A.

den gezogenen Nutzungen i. S. v. § 346 Abs. 1 gehören. Die Rechtsstellung des Verbrauchers wurde zwar durch den § 357 Abs. 3 S. 1 Nr. 3 Hs. 2 verschlechtert, aber das ist unter Berücksichtigung der beiderseitigen Interessenabwägung als gerecht angesehen[463].

Bei Berechnung des Wertersatzes des § 346 Abs. 2 S. 2 ist ein differenzierender Maßstab zugrunde zu legen. Also ist im Fall der Lieferung mangelfreier Gegenstände die Entrichtung der Gegenleistung als Ansatz der Berechnung des Wertersatzes die richtige Lösung. Hingegen ist bei der Lieferung mangelhafter Gegenstände die Ausrichtung der Wertersatzhaftung an der im Vertrag ausgehandelten Gegenleistung verfehlt, da hier das vertragliche Äquivalenzverhältnis zwischen Leistung und Gegenleistung allgemein gestört ist. Daher soll in diesem Fall die vertraglich vereinbarte Gegenleistung entsprechend §§ 441 Abs. 3, 638 Abs. 3 um den Minderwert herabgesetzt werden.

Der maßgebliche Zeitpunkt für die Bemessung des Wertersatzes soll auch unter Berücksichtigung der zwischenzeitlich aufgetretenen Wertveränderungen sowie der jeweiligen Funktionen des § 346 Abs. 2 S. 1 Nr. 1 und § 346 Abs. 2 S. 1 Nr. 2, 3 unterschiedlich behandelt werden. Während im Fall des § 346 Abs. 2 S. 1 Nr. 1 der Zeitpunkt der Leistungserbringung wegen der anfänglichen Unmöglichkeit der unversehrten Rückgewähr in Betracht kommt, kommt es hingegen im Fall des § 346 Abs. 2 S. 1 Nr. 2, 3 auf den Zeitpunkt der Rücktrittserklärung an. Denn im letzteren Fall würden Wertveränderungen den Rückgewährgläubiger bis zur Rücktrittserklärung treffen[464].

B. Gefahrverteilung und Haftung beim Rücktritt

Das BGB a. F. enthielt heftig umstrittene Regelungen im Bereich der Risikoverteilung, die vom Ausschluss des Rücktritts gem. §§ 351 ff. a. F. bis zur Befreiung der Rückgabepflicht beim zufälligen Sachuntergang gem. § 350 a. F. ging. Die Regelung des § 350 a. F. wich von den Gefahrtragungsregeln bei gegenseitigen Verträgen der §§ 275, 323 und 446 a. F. ab und stimmte ferner auch nicht mit der in Art. 82 Abs. 1 UN-Kaufrecht getroffenen Regelung überein. § 351 a. F. führte auch zum schwierigen Auslegungsproblem, was unter Verschulden i. S. v. § 351 a. F. zu verstehen war, da vor der Rücktrittserklärung dessen Verschuldensbegriff beim gesetzlichen Rücktrittsberechtigten nicht

---

[463] Kap. 2, B.
[464] Kap. 2, C.

passte. Vor allem ging es hier um untechnisches Verschulden als Verschulden gegen sich selbst[465].

Die Rücktrittsfolgenvorschrift des § 346 setzt kein Vertretenmüssen des Rückgewährschuldners mehr voraus, sowie der Zielsetzung des Gesetzgebers zufolge lässt er in Fällen der Rückgewährunmöglichkeiten grundsätzlich einen Rücktritt gegen Wertersatz zu. Durch den Verzicht auf das Erfordernis des Vertretenmüssens konnte das Institut der Wandelung in das Rücktrittsrecht integriert werden.

Die verschuldensunabhängige Wertersatzpflicht des Rückgewährschuldners wird jedoch unter den Voraussetzungen des § 346 Abs. 3 S. 1 wieder ausgeschlossen. Dessen Nr. 1 übernahm die Ausnahmeregelung des § 467 S. 1 Hs. 2 a. F. im Bereich der Wertersatzpflicht. Sie soll auch in den Fällen analog angewendet werden, in denen der Fehler sich erst beim bestimmungsgemäßen Verbrauch zeigt. Jedoch steht die weitere Sachverwertung ab Kenntnis bzw. Kennenmüssen des Rücktrittsberechtigten von seinem Rücktrittsgrund der Pflicht zum Wertersatz nicht entgegen. Nr. 2 befreit den Rückgewährschuldner von der Wertersatzpflicht, soweit der Rückgewährgläubiger die Verschlechterung bzw. Untergang der Sache zu vertreten hat oder der Schaden bei ihm ebenso eingetreten wäre. Schließlich ist nach Nr. 3 der gesetzliche Rücktrittsberechtigte privilegiert, soweit er die eigenübliche Sorgfaltspflicht beobachtet hat[466].

C. Die Gleichbehandlung von vertraglichem und gesetzlichem Rücktrittsrecht

Dem Grundprinzip „*Pacta sunt servanda*“ zufolge war dem römischen Recht und in dessen Folge dem gemeinen Recht ein allgemeines Rücktrittsrecht unbekannt. Zur Vertragsaufhebung existierten lediglich Einzelrechtsbehelfe für die unterschiedlichen Vertragsarten. Wichtigste Instrumente der Vertragsaufhebung waren die *actio redhibitoria* und die *lex commissoria*, erstere als gesetzliches und letztere als vertragliches Rücktrittsrecht angesehen. Die heutige einheitliche Rücktrittsvorschrift ist erst im Laufe der Beratungen für die Kodifizierung des BGB entstanden als deren Grundlage die *actio redhibitoria* diente.

---

465 Kap. 3, B.

466 Kap. 3, C.

Zwar wollte der Gesetzgeber durch die Vereinheitlichung der Rechtsfolgen sämtlicher Vertragsaufhebungsrechte an Einfachheit und Klarheit gewinnen, aber im BGB a. F. waren für die beiden Rücktrittsrechte zwei verschiedene Regelungen geboten, ferner wurde das praktisch weniger relevante vertragliche Rücktrittsrecht an die Spitze gestellt. Im Hinblick auf die Zielsetzung des Gesetzgebers sowie die Normierungssystematik war die Regelungstechnik des BGB a. F. als verfehlt oder zumindest als nicht sinnvoll anzusehen[467].

Die Verweisungsvorschrift des § 327 S. 1 a. F. bezweckte nicht lediglich eine gesetzestechnische Vereinfachung, vielmehr enthielt die Gleichstellung der beiden Rücktrittsrechte im Rückgewährschuldverhältnis. Nach § 327 S. 2 a. F. den allgemeinen Rechtsgedanken, dass wer nicht den Rücktrittsgrund zu vertreten hat, nur nach den Vorschriften über ungerechtfertigte Bereicherung haftet. Aber bei wörtlicher Auslegung des § 327 S. 2 a. F. war dessen Anwendungsbereich fast regelmäßig leerlaufend. Daher wurde in Rechtsprechung und im Schrifttum versucht, den Anwendungsbereich des § 327 S. 2 a. F. auf den Rücktrittsberechtigten auszudehnen. Aber die Haftung für den Rücktrittsberechtigten nach Bereicherungsrecht wurde von der Gegenansicht ausdrücklich abgelehnt. Daher versuchte man eine Privilegierung des Rücktrittsberechtigten letztlich dadurch, dass man den Rücktrittsberechtigten nur für die Missachtung der eigenüblichen Sorgfaltspflichten einstehen ließ[468].

Mit dem einheitlichen Rücktrittsrecht des § 346 Abs. 1 wollte der Reformgesetzgeber die bei einer entsprechenden Anwendung drohenden Unsicherheiten und Unklarheiten vermeiden. Die Doppelregelung des BGB a. F. führte für die jeweiligen Rücktrittsrechte zu unangenehmen bzw. schwierigen Abgrenzungsproblemen, vor allem unterschieden sich beide Rücktrittsrechte hinsichtlich ihres Entstehungsgrundes nur theoretisch.

Die Privilegierung des § 346 Abs. 3 S. 1 Nr. 3 ist dem Gedanken zugrunde zu legen, dass der Rücktrittsgegner seine Pflichten nicht vollständig erfüllt bzw. nicht ordnungsgemäß geleistet hat. Während der den Rücktritt verschuldete Rücktrittsgegner nicht auf den endgültigen Gefahrübergang auf den anderen Teil vertrauen darf, kann der Rücktrittsberechtigte vor Kenntnis von seinem Rücktrittsgrund auf die Haftungsprivilegierung der eigenüblichen Sorgfaltspflicht berufen. Aus der umgekehrten Erwägung des § 346 Abs. 3 S. 1 Nr. 3 soll auch der Rücktrittsgegner privilegiert werden, wenn er den Rücktrittsgrund nicht zu vertreten hat[469].

---

[467] Kap. 4, B.

[468] Kap. 4, C.

[469] Kap. 4, D.

D. Haftungskriterium und Anwendungserstreckung des § 346 Abs. 3 S. 1 Nr. 3

Die eigenübliche Sorgfaltspflicht des § 277 bezieht sich auf einen rein subjektiven bzw. individuellen Fahrlässigkeitsmaßstab. Es handelt sich dabei um einen in vergleichbaren eigenen Angelegenheiten betätigten minderen Grad von Sorgfalt.

Die eigenübliche Sorgfaltspflicht des § 346 Abs. 3 S. 1 Nr. 3 wird auf den Gedanken abgestellt, dass dem Rückgewährschuldner keine zusätzliche Pflicht zur Sorgfalt zugemutet werden kann, als er sie auf die eigenen Sachen zu verwenden pflegt. Denn der Rückgewährschuldner darf vor Kenntnisnahme von seinem Rücktrittsgrund davon ausgehen, dass der Leistungsgegenstand endgültig Bestandteil seines Vermögens geworden ist und er mit dem Leistungsgegenstand nach seinem Belieben verfahren darf.

In Anbetracht des inhaltlichen Gesichtspunkts ist das wenig überzeugend, den Rücktrittsgegner mit dem Zufallsrisiko zu belasten, sowie ihm die Folgen des unsorgfältigen Verhaltens des Rücktrittsberechtigten aufzuerlegen. Auch das Privileg des gesetzlichen Rücktrittsberechtigten mit Hilfe eines Fahrlässigkeitsmaßstabs passt mit der verschuldensunabhängigen Wertersatzpflicht des § 346 Abs. 2 systematisch nicht. Vielmehr ist der Anknüpfungspunkt der Privilegierung des gesetzlichen Rücktrittsberechtigten in § 346 Abs. 3 S. 1 Nr. 3 die Zuwiderhandlung seiner eigenen Interessen[470].

Für den an den Rückgewährschuldner anzulegenden Haftungsmaßstab kommt es nicht mehr auf die ursprüngliche Parteirolle an, vielmehr darauf, welche Pflichten den Rücktrittsberechtigten mit Blick auf die spätere Rückgabe der Leistung treffen. Anders als vor Kenntnisnahme vom Rücktrittsgrund soll der Rücktrittsberechtigte nach Kenntnisnahme mit der Leistung viel sorgfältiger umgehen. Daher treffen ihn ab diesem Zeitpunkt von der Rückgewährpflicht zu trennende, vorgreifliche Rücksichtnahmepflichten[471].

Maßgeblicher Grund für die Privilegierung des gesetzlichen Rücktrittsberechtigten in § 346 Abs. 3 S. 1 Nr. 3 ist die fehlende Kenntnis des Rücktrittsberechtigten von seinem Rücktrittsgrund. Auch im systematischen Vergleich mit §§ 346 Abs. 3 S. 1 Nr. 1, 357 Abs. 3 spielt die Kenntnis vom Rücktrittsgrund

---

470 Kap. 5, A, B.

471 Kap. 5, C.

hinsichtlich des Umfangs der vorgreiflichen Rücksichtnahmepflichten eine große Rolle. Daher soll § 346 Abs. 3 S. 1 Nr. 3 ab Kenntnisnahme des gesetzlichen Rücktrittsberechtigten von seinem Rücktrittsgrund teleologisch reduziert werden[472].

Es gibt keinen rechtfertigenden Grund, den Anwendungsbereich des § 346 Abs. 3 S. 1 Nr. 3 auf Fälle der Verschlechterung bzw. des Untergangs zu beschränken. Der Gesetzgeber wollte durch die Regelung des § 346 Abs. 3 S. 1 Nr. 3 den gesetzlichen Rücktrittsberechtigten generell privilegieren. Daher soll die Privilegierung des § 346 Abs. 3 S. 1 Nr. 3 auf andere subjektive Rückgewährhindernisfälle erweitert werden[473].

E. Leistungsstörungen im Rückgewährschuldverhältnis nach Rücktrittserklärung gem. § 346 Abs. 4

Durch die kumulative Anwendung von Rücktritt und Schadensersatz wurde die Rechtsstellung des Gläubigers wesentlich verbessert. Denn er kann sowohl einen Ausgleich für den geminderten bzw. verloren gegangenen Sachwert durch den verschuldensunabhängigen Wertersatzanspruch, als auch sonstige Folgeschäden wie Nutzungsausfall oder entgangenen Gewinn durch den allgemeinen Schadensersatzanspruch verlangen[474].

Vertreten bzw. Vertretenmüssen des Rückgewährschuldners als Voraussetzung des § 346 Abs. 4 entsteht bereits nach dem Austausch der ursprünglich geschuldeten Leistung. Hier kommt insbesondere die Rücksichtnahmepflicht i. S. v. § 241 Abs. 2 i. V. m. § 280 Abs. 1 in Betracht. Die Rücksichtnahmepflicht im ursprünglichen Vertragsverhältnis bleibt durch das spätere Rückgewährschuldverhältnis unberührt. Aber das Vertretenmüssen des Rückgewährschuldners soll in Anbetracht der Erkennbarkeit der Rückgabepflicht erst ab Kenntnis oder fahrlässiger Unkenntnis vom Rücktrittsgrund bejaht werden[475].

§ 347 regelt eine eigenständige Regelung für Nutzungen und Verwendungen unter Verzicht auf die Verweisung auf das Eigentümer-Besitzer-Verhältnis gem. § 347 a. F. Bereits durch den Verzicht auf die Verweisungen des § 347 a. F., i. V.

---

472 Kap. 5, D.
473 Kap. 5, E.
474 Kap. 6, A ; Kap. 2, D.
475 Kap. 6, B, C.

m. § 989 gewinnt die Regelung des § 347 an Einfachheit und Übersichtlichkeit. Die Herausgabe tatsächlich gezogener Nutzungen und die Erstattung nicht gezogener Nutzungen wurden jeweils in verschiedenen Vorschriften geregelt. Die Haftung für nicht gezogene Nutzungen wird vom Verschuldensprinzip ausgelöst und durch die Möglichkeit der Nutzziehung ersetzt. Im Übrigen kommt ein objektiver Maßstab der vernünftigen Wirtschaftsführung in Betracht. Hinsichtlich der nützlicher Verwendungen kann der Rückgewährschuldner anders als im BGB a. F., wonach ein Anspruch auf Ersatz nützlicher Verwendungen von der h. M. abgelehnt oder nur in seltenen Fällen zugebilligt wurde, nach § 347 Abs. 2 einen Wertersatz verlangen, soweit der Rückgewährgläubiger dadurch bereichert ist. Daher stellt die Regelung des § 347 Abs. 2 S. 2 eine Verbesserung des BGB a. F. dar[476].

F. Schlussfolgerung

Bei der Kontroverse über den Rücktritt und dessen Folgen geht es im wesentlichen um die Frage, wie die Interessen der Vertragsparteien im Rahmen der Vertragsauflösung zu einem gerechten Ausgleich geführt werden. Das BGB a. F. wurde durch die Verweisungsnormen der §§ 327, 347 a. F. nicht nur kodifikationstechnisch negativ beurteilt, sondern es führte auch durch die streitigen Vorschriften der §§ 350, 351 ff. a. F. im Bereich der Gefahrverteilung zu einem ungerechten bzw. kaum nachvollziehbaren Ergebnis.

Um „das undurchdringbar gewordene Dickicht aus Meinungen und Thesen“ [477] zu lichten, sowie um „Einfachheit und Klarheit für das Gesetz“ [478] zu gewinnen, hat sich der Reformgesetzgeber vor allem dazu entschlossen, zum einen, vertragliche und gesetzliche Rücktrittsrechte in ihren Rechtsfolgen einheitlich zu regeln, zum anderen, den Rücktritt gegen Wertersatz grundsätzlich zuzulassen. Die Neuregelung entspricht sowohl den Intentionen der historischen Gesetzgeber sowie den Interessenlagen der Vertragsparteien, als auch der Tendenz der internationalen Rechtangleichung. In Anbetracht solcher Überlegungen sind die Neuregelungen grundsätzlich zu begrüßen.

Hingegen ergeben sich jedoch neue Schwierigkeiten bei der Auslegung einzelner Vorschriften, die im Wesentlichen auf die Reduzierung aller Fall-

---

[476] Kap. 6, E.
[477] *v. Caemmerer*, in: FS Larenz, S. 621, 625.
[478] Motive Bd. II, S. 280.

gruppen auf einen einzigen Normkomplex zurückzuführen sind. Insbesondere ist die Privilegierung des gesetzlich zum Rücktritt Berechtigten des § 346 Abs. 3 S. 1 Nr. 3 hinsichtlich deren Anwendungsbereich sowie Ausmaß systematisch bzw. rechtspolitisch als verfehlt anzusehen. Daher wird es wohl unumgänglich sein, das neue Rücktrittsfolgenrecht der §§ 346 ff. für jeden einzelnen Fall unter Berücksichtigung des Sinns bzw. Zwecks des Rücktritts teleologisch anzuwenden.

Literaturverzeichnis

Arnold, Arnd	Das neue Recht der Rücktrittsfolgen, Jura 2002, 154 f.
	Rücktritt und Schadensersatz, ZGS 2003, 427 f.
Bamberger, Georg/ *Roth*, Herbert (Hrsg.)	Kommentar zum Bürgerlichen Gesetzbuch, Bd. I, §§ 1 - 610, München, 2003; Zit.: Bamberger/Roth/*Bearbeiter*
Beinert, Dieter	Wesentliche Vertragsverletzung und Rücktritt, Diss., Bonn, 1977, Bielefeld, 1979; Zit.: Vertragsverletzung
Benicke, Christoph	Pflicht zum Wertersatz im neuen Rücktrittsrecht bei Verbrauch und Veräußerung, ZGS 2002, 369 f.
Blomeyer, Arwed	Allgemeines Schuldrecht, 4. Aufl., Berlin, Frankfurt a. M., 1969; Zit.: Schuldrecht
Boehmer, Gustav	Schranken des Rücktrittsrechts des Käufers einer gestohlenen Sache, JZ 1952, 521 f.
Brox, Hans	Die Gefahrtragung bei Untergang oder Verschlechterung der Kaufsache, JuS, 1975, 1 f.
Brox, Hans/ *Walker*, Wolf-Dietrich	Allgemeines Schuldrecht, 31. Aufl., München, 2006; Zit.: Schuldrecht
Bundesministerium der Justiz (Hrsg.)	Abschlußbericht der Kommission zur Überarbeitung des Schuldrechts, Bundesanzeiger, Köln, 1991; Zit.: Abschlussbericht
	Begründung zum Diskussionsentwurf eines Schuldrechtsmodernisierungsgesetzes http://www.bmj.bund.de; Zit.: Diskussionsentwurf

Bundesministerium der Justiz (Hrsg.)	Gutachten und Vorschläge zur Überarbeitung des Schuldrechts, Bd. 1, Köln, 1981; Zit.: *Bearbeiter*, in: Gutachten und Vorschläge
Bundestagdrucksachen	Entwurf eines Gesetzes zur Modernisierung des Schuldrechts BT-Drucks., 14/6040;
	Beschlussempfehlung und Bericht des Rechtausschusses (6. Ausschusses), BT-Drucks., 14/7052 www://dip.bundestag.de/btd.
Canaris, C. Wilhelm	Die Feststellung von Lücken im Gesetz, 2. Aufl., Berlin, 1983; Zit.: Feststellung von Lücken
	Die Reform des Rechts der Leistungsstörungen, JZ 2001, 499 f.
	Schuldrechtsmodernisierung 2002, München, 2002; Zit.: Schuldrechtsreform
Cretschmar, Cornelius	Besprechungen der zweiten Lesung des Entwurfs eines Bürgerlichen Gesetzbuchs, AcP 82, 107 f.
Dauner-Lieb, Barbara	Die geplante Schuldrechtsmodernisierung - Durchbruch oder Schnellschluß?, JZ 2001, 8 f.
Dauner-Lieb, Barbara/ *Heidel*, Thomas/ *Ring*, Gerhard (Hrsg.)	Anwaltkommentar, Bd. 2, Schuldrecht, Teil-Bd. 1: §§ 241-610, Bonn, 2005; Zit.: AnwKom/*Bearbeiter*
Dauner-Lieb, Barbara/ *Heidel*, Thomas/ *Lepa*, Manfred/ *Ring*, Gerhard (Hrsg.)	Das neue Schuldrecht, Heidelberg, 2002; Zit.: *Bearbeiter*, in: Dauner-Lieb/Heidel/Lepa/Ring, Schuldrecht
Dauner-Lieb, Barbara/ *Schmidt,* Karsten/ *Konzen,* Horst (Hrsg.)	Das neue Schuldrecht in der Praxis, Köln, 2003; Zit.: *Bearbeiter*, in: Dauner-Lieb/Horst/Karsten, Schuldrecht

Deutsch, Erwin	Abschied von der culpa in concreto? – BGH, VersR 1960, 802 und BGHZ 43, 313, JuS 1967, 496 f.
	Fahrlässigkeit und erforderliche Sorgfalt, 2. Aufl., Köln, 1995; Zit.: Fahrlässigkeit
Emmerich, Volker	Das Recht der Leistungsstörungen, 4. Aufl., München, 1997; Zit.: Leistungsstörungen
Erman, Walter	Erman Bürgerliches Gesetzbuch, 11. Aufl., Bd. I, §§ 1 - 811, UKlaG, Köln, 2004; Zit.: Erman/*Bearbeiter*
Ernst, Wolfgang/ *Zimmermann*, Reinhard (Hrsg.)	Zivilrechtswissenschaft und Schuldrechtsreform zum Diskussionsentwurf eines Schuldrechts-modernisierungsgesetzes des Bundesministeriums der Justiz, Tübingen, 2001; Zit.: Bearbeiter, in: Ernst/Zimmermann, Schuldrechtsreform
Esser, Josef/ *Schmidt*, Eike	Schuldrecht Allgemeiner Teil, Bd. I, Teil-Bd. 1, 8. Aufl., Heidelberg, 1995; Zit.: Schuldrecht, Teil-Bd. I
	Teil-Bd. 2, 8. Aufl., Heidelberg, 1999; Zit.: Schuldrecht, Teil-Bd. II
Flessner, Axel	Haftung und Gefahrbelastung des getäuschten Käufers, NJW 1972, 1777 f.
Flume, Werner	Die Entreicherungsgefahr und die Gefahrtragung bei Rücktritt und Wandlung, NJW 1970, 1161 f.
Freckmann, Tilen	Nochmals: Schnecke im Salat - Rauchverbot, NJW 1987, 3113 f.
Gaier, Reinhard	Das Rücktrittsfolgenrecht nach dem Schuldrechtsmodernisierungsgesetz, WM 2002, 1 f.
Glaß, Eberhard	Gefahrtragung und Haftung beim gesetzlichen Rücktritt, Diss., 1959; Zit.: Rücktritt

Grunewald, Barbara	Kaufrecht, Bd. 6, Tübingen, 2006; Zit.: Kaufrecht
Haas, Lothar/ *Medicus*, Dieter/ *Rolland*, Walter/ *Schäfer*, Carsten/ *Wendtland*, Holger (Herg.)	Das neue Schuldrecht, München, 2002 Zit.: *Bearbeiter*, in: Schuldrecht
Hager, Günter	Die Gefahrtragung beim Kauf, Frankfurt a. M.,1982; Zit.: Gefahrtragung
Hager, Johannes	Der Wert- und Schadensersatzanspruch beim Rücktritt, in: FS für Hans-Joachim Musielak zum 70. Geburtstag, München, 2004; Zit.: in: FS Musielak
Hans-Gerd, Jauch	Die Schnecke im Salat: Zur Wandelung bei verbrauchsbestimmten Sachen - AG Burgwedel, NJW 1986, 2647, JuS 1990, 706 f.
Heck, Philipp	Grundriß des Schuldrechts, Tübingen, 1929, (Neudruck Aalen, 1974); Zit.: Schuldrecht
Hellwege, Phillip	Die Rückabwicklung gegenseitiger Verträge als einheitliches Problem, Diss., Regensburg, 2004, Tübingen, 2004; Zit.: Rückabwicklung
Henssler, Martin/ *Graf von Westphalen*, Friedrich (Hrsg.)	Praxis der Schuldrechtsreform, 2. Aufl., Köln, 2003; Zit.: *Bearbeiter*, in: Henssler/Graf von Westphalen, Schuldrechtsreform
Herberger, Maximilian/ *Martinek*, Michael/ *Rüßmann*, Helmut/ *Weth*, Stephan (Hrsg.)	Juris Praxiskommentar BGB, Bd. 2.1, Schuldrecht (Teil 1: §§ 241 bis 432), 2. Aufl., Saarbrücken, 2004 Zit.: jurisPK/*Bearbeiter*

Herold, Kathrin — Das Rückabwicklungsschuldverhältnis aufgrund vertraglichen oder gesetzlichen Rücktritts, Diss., Trier, 1999, Berlin, 2001;
Zit.: Rückabwicklungsschuldverhältnis

Honsell, Heinrich — Die EU-Richtlinie über den Verbrauchergüterkauf und ihre Umsetzung ins BGB, JZ 2001, 278 f.

Gefahrtragung und Schadensersatz bei arglistischer Täuschung, MDR 1970, 717 f.

Huber, Peter/ *Faust*, Florian — Schuldrechtsmodernisierung, München, 2002;
Zit.: Schuldrechtsmodernisierung

Huber, Ulrich — Die Pflichtverletzung als Grundtatbestand der Leistungsstörung im Diskussionsentwurf eines Schuldrechtsmodernisierungsgesetzes, ZIP 2000, 2273 f.

Die Unmöglichkeit der Leistung im Diskussionsentwurf eines Schuldrechts-modernisierungsgesetzes, ZIP 2000, 2137 f.

Einige Probleme des Rechts der Leistungsstörungen im Licht des Haager einheitlichen Kaufrechts, JZ 1974, 433 f.

Der Unfall des betrogenen Gebrauchtwagenkäufers - BGHZ 57, 137, JuS 1972, 439 f.

Die Haftung des Rücktrittsgläubigers beim gesetzlichen Rücktritt und des Käufers bei der Wandelung, JZ 1987, 649 f.

Die vorsätzliche Beseitigung der mangelhaften Sache durch den Käufer, ZIP 1993, 896 f.

Jakobs, Horst Heinrich — Gesetzgebung im Leistungsstörungsrecht. Zur Ordnung des Rechts der Leistungsstörungen im Bürgerlichen Gesetzbuch und nach einheitlichem Kaufrecht, Paderborn, 1985; Zit.: Gesetzgebung

Jakobs, Horst Heinrich/ *Schubert*, Werner — Die Beratung des Bürgerlichen Gesetzbuchs, Recht der Schuldverhältnisse I, §§ 241-432, Berlin, 1978; Zit.: Die Beratung des BGB I

Materialien zur Entstehungsgeschichte des BGB, Berlin, 1978; Zit.: Materialien des BGB

Jauernig, Othmar — Jauernig Bürgerliches Gesetzbuch, 11. Aufl., München, 2004; Zit.: Jauernig/*Bearbeiter*

Jauernig Bürgerliches Gesetzbuch, 9. Aufl., München, 1999; Zit.: Jauernig/*Bearbeiter*, 1999

Kaiser, Dagmar — Die Rechtsfolgen des Rücktritts in der Schuldrechtsreform, JZ 2001, 1057 f.

Die Rückabwicklung gegenseitiger Verträge wegen Nicht- oder Schlechterfüllung nach BGB, Habil., Freiburg, 1998, Tübingen, 2000; Zit.: Rückabwicklung

Rückkehr zur strengen Differenzmethode beim Schadensersatz wegen Nichterfüllung?, NJW 2001, 2425 f.

Kamanabrou, Sudabeh — Haftung des Rücktrittsberechtigten bei Untergang der empfangenen Leistung, NJW 2003, 30 f.

Kohler, Jürgen — Bemerkungen zur vorgeschlagenen Überarbeitung des Rücktrittsrechts, WM 1993, 45 f.

Das Rücktrittsrecht in der Reform, JZ 2001, 325 f.

Kohler, Jürgen	Die gestörte Rückabwicklung gescheiterter Austauschverträge, Habil., Köln, 1989; Zit.: Rückabwicklung
	Rücktrittsrechtliche Bereicherungshaftung, JZ 2002, 682 f.
	philologisch-systematische oder historisch-teleologische Auslegung des § 327 Satz 2 BGB?, Jura 1994, 524 f.
	Rücktrittsrechtliche Schadensersatzhaftung, JZ 2002, 1127 f.
Krebs, Peter	Die große Schuldrechtsreform, DB 2000, Beil. Nr. 14, 1 f.
Kriechbaum, Maximiliane	Pflichtverletzung und Rücktritt vom Vertrag, JZ 1993, 642 f.
Laband, Paul	Zum zweiten Buch des Entwurfes eines bürgerlichen Gesetzbuches für das Deutsche Reich. II. Abschnitt, Titel 1. Allgemeine Vorschriften, AcP 1889, 1 f.
Larenz, Karl	Zum Haftungsprivileg des § 708 BGB, in: FS für Harry Westermann zum 65. Geburtstag, Karlsruhe, 1974; Zit.: in: FS Westermann
	Methodenlehre der Rechtswissenschaft, 6. Aufl., Berlin,1991; Zit.: Methodenlehre
	Lehrbuch des Schuldrechts, Bd. I, Allgemeiner Teil, 14. Aufl., München, 1987; Zit.: Schuldrecht
Larenz, Karl/ *Canaris*, C. Wilhelm	Lehrbuch des Schuldrechts, Bd. II/2, Besonderer Teil, 13. Aufl., München, 1994; Zit.: Schuldrecht
Leser, Hans G	Der Rücktritt vom Vertrag, Habil., Freiburg, 1968, Tübingen, 1975; Zit.: Rücktritt

Looschelders, Dirk	Schuldrecht Allgemeiner Teil, 5. Aufl., Köln, 2007; Zit.: Schuldrecht
Lorenz, Stephan	Schadensersatz wegen Pflichtverletzung - ein Beispiel für die Überhastung der Kritik an der Schuldrechtsreform, JZ 2001, 742 f.
	Schuldrechtsreform 2002: Problemschwerpunkte drei Jahre danach, NJW 2005, 1889 f.
Lorenz, Stephan/ *Riehm*, Thomas	Lehrbuch zum neuen Schuldrecht, München, 2002; Zit.: Schuldrecht
Medicus, Dieter	Zur Reichweite gesetzlicher Haftungsmilderungen, in: FS für Walter Odersky zum 65. Geburtstag, Berlin, 1996; Zit.: in: FS Odersky
	Schuldrecht I, Allgemeiner Teil, 17. Aufl., München, 2006; Zit.: Schuldrecht
	Typen bei der Rückabwicklung von Leistungen, JuS 1990, 689 f.
Motive	Motive zu dem Entwurfe eines Bürgerlichen Gesetzbuches für das Deutsche Reich, Bd. II, Recht der Schuldverhältnisse, Berlin/Leipzig, 1888; Zit.: Motive Bd. II
Motsch, Richard	Neues Schuldrecht: Rücktritt vom Kauf, JR 2002, 221 f.
	Risikoverteilung im allgemeinen Leistungsstörungsrecht, JZ 2001, 428 f.
Mugdan, Benno	Die gesamten Materialien zum Bürgerlichen Gesetzbuch für das Deutsche Reich, Bd. II, Recht der Schuldverhältnisse, Berlin, 1899; Zit.: Materialien II

Münchener Kommentar	Münchener Kommentar zum Bürgerlichen Gesetzbuch, Bd. 2a, Schuldrecht Allgemeiner Teil, §§ 241-432, 4. Aufl., München, 2003; Zit.: MünchKom/*Bearbeiter*
	Bd. 2, Schuldrecht Allgemeiner Teil, §§ 241-432, 4. Aufl., München, 2001; Zit.: MünchKom/*Bearbeiter*, 2001
Muscheler, Karlheinz	Wandlung, gesetzlicher Rücktritt und negatives Interesse, AcP 187 (1987), 343 f.
Nierwetberg, Rüdiger	Die Rechtsfolgen einer Verschlechterung des nach § 346 S. 1 BGB zurückzugewährenden Gegenstandes, JuS 1984, 33 f.
Palandt, Otto	Palandt Bürgerliches Gesetzbuch, 66. Aufl., München, 2007; Zit.: Palandt/*Bearbeiter*
	60. Aufl., München, 2001; Zit.: Palandt/*Bearbeiter*, 2001
Perkams, Guido	Die Haftung des Rücktrittsberechtigten im neuen Schuldrecht, Jura 2003, 150 f.
Protokolle	Protokolle der Kommission für die zweite Lesung des Entwurfs des Bürgerlichen Gesetzbuchs, Bd. I, Allgemeiner Theil und Recht der Schuldverhältnisse, Berlin, 1897; Zit.: Prot. I
	Bd. II, Recht der Schuldverhältnisse, Berlin, 1898; Zit.: Prot. II
Raisch, Peter	Die Abgrenzung des Handelsrechts vom Bürgerlichen Recht als Kodifikationsproblem im 19. Jahrhundert, Stuttgart, 1962; Zit.: Abgrenzungsproblem

Raisch, Peter | Zum Einfluss des Weiterverkaufs mangelhafter Waren auf die Gewährleistungsansprüche des Käufers, in: Festschrift für Konrad Duden zum 70. Geburtstag, S. 337 ff., München, 1977; Zit.: in: FS Duden

Rengier, Bernhard | Wegfall der Bereicherung, AcP 177 (1977), 418 f.

Rheinländer, Peter | Die Haftung des Zurücktretenden bei Kenntnis der Rücktrittsberechtigung, ZGS 2004, 178 f.

Scherner, Karl Otto | Rücktrittsrecht wegen Nichterfüllung, Untersuchung zur deutschen Privatrechtslehre der Neuzeit, Diss., Wiesbaden, 1965; Zit.: Rücktrittsrecht

Schlechtriem, Peter | Schuldrecht Allgemeiner Teil, 4. Aufl., Tübingen, 2000; Zit.: Schuldrecht

Schlechtriem, Peter/ *Schwenzer*, Ingeborg (Hrsg.) | Kommentar zum Einheitlichen UN-Kaufrecht, Das Übereinkommen der vereinten Nationen über Verträge über den internationalen Warenkauf - CISG-, 4. Aufl., München, 2004; Zit.: CISG/*Bearbeiter*

Schmidt-Räntsch, Jürgen | Der Entwurf eines Schuldrechtsmodernisierungsgesetzes, ZIP 2000, 1639 f.

Schubert, Werner | Die Vorlagen der Redaktoren für die erste Kommission zur Ausarbeitung des Entwurfs eines Bürgerlichen Gesetzbuches, Recht der Schuldverhältnisse, Teil 2, Besonderer Teil, Berlin, 1980 Zit.: Schuldverhältnisse

Schulze, Reiner/ *Ebers*, Martin | Streitfragen im neuen Schuldrecht, JuS 2004, 366 f.

Schulze, Reiner/ *Schulte-Nölke*, Hans (Hrsg.) | Die Schuldrechtsreform vor dem Hintergrund des Gemeinschaftsrechts, Tübingen, 2001; Zit.: *Bearbeiter*, in: Schulze/Schulte-Nölke, Schuldrechtsreform

Schwab, Martin	Schuldrechtsmodernisierung 2001/2002 - Die Rückabwicklung von Verträgen nach §§ 346 ff. BGB n. F., JuS 2002, 630 f.
Schwab, Martin/ *Witt*, Carl-Heinz (Hrsg.)	Einführung in das neue Schuldrecht, München, 2002; Zit.: *Bearbeiter*, in: Schwab/Witt, Rückabwicklung
Schwenn, Hermann	Die Gefahrtragung beim Rücktritt, AcP 152 (1952/53), 138 f.
Sickinger, Chrisitian	Gefahrtragung und Haftung beim Rücktritt vom Kaufvertrag, Diss., Bonn, 1994; Zit.: Gefahrtragung
Soergel, Hans Theodor	Soergel Kommentar zum Bürgerlichen Gesetzbuch, Bd. 2, Schuldrecht I, §§ 241-432, Stuttgart, Berlin, Köln, 1990; Zit.: Soergel/*Bearbeiter*
	Bd. 3, Schuldrecht II, §§ 433-515, Stuttgart, Berlin, Köln, 1991; Zit.: Soergel/*Bearbeiter*, 1991
Staudinger, Julius v.	J. von Staudingers Kommentar zum Bürgerlichen Gesetzbuch mit Einführungsgesetz und Nebengesetzen, Buch 2, Recht der Schuldverhältnisse §§ 328-359, Berlin, 2004; Zit.: Staudinger/*Bearbeiter*
Stoll, Heinrich	Die Wirkungen des vertragsmäßigen Rücktritts, Diss., Bonn, 1921; Zit.: Rücktrittsrecht
	Aus dem Rechtsleben, Rücktritt und Schadensersatz, AcP 131 (1929), 141 f.
Stumpp, Hans	Zum Rücktritt des Käufers einer gestohlenen Sache -BGHZ 5, 337, JuS 1964, 310 f.
Tiedtke, Klaus	Verzugsschaden und Rücktritt vom Vertrag, NJW 1984, 767 f.

Von Caemmerer, Ernst — "*Mortuus redhibetur*". Bemerkungen zu den Urteilen BGHZ 53, 144 und 57, 137, in: Festschrift für Karl Larenz zum 70. Geburtstag, S. 621 f., München, 1973; Zit.: in: FS Larenz

Wanner, Antonia — Gefahrtragung und Haftung beim gesetzlichen Rücktritt, Diss., Bonn, 2000; Zit.: Gefahrtragung

Weitnauer, Hermann — Der arglistig getäuschte Käufer, NJW 1970, 637 f.

Westermann, Harm Peter — Gefahr und Gefahrübergang im Schuldrecht (1. Teil), JA 1978, 481 ff.; (2. Teil), JA 1978, 551 f.

Westermann, Harm Peter (Hrsg.) — Das Schuldrecht 2002 - Systematische Darstellung der Schuldrechtsreform, Stuttgart, 2002; Zit.: *Bearbeiter*, in: Westermann, Schuldrecht

Wieling, Hans Josef — Synallagma bei Nichtigkeit und gesetzlichem Rücktritt, JuS 1973, 397 f.

Wilhelm, Jan — Schuldrechtsreform 2001, JZ 2001, 861 f.

Windscheid, Bernhard — Lehrbuch des Pandekten, Bd. 2, 9. Aufl., Frankfurt a. M., 1906 (Neudruck Aalen, 1963); Zit.: Pandekten

Wolf, Ernst — Zum Rücktritt des Käufers einer gestohlenen Sache, NJW 1953, 164 f.

Rücktritt, Vertretenmüssen und Verschulden, AcP 153 (1954), 97 f.

Wolgast, Matthias — Das reformierte Rücktrittsfolgenrecht vor dem Hintergrund der Entwicklung im deutschen und im französischen Recht, Diss., Hamburg, 2005; Zit.: Rücktrittsfolgenrecht

Zusammenstellung Zusammenstellung der gutachtlichen Äußerungen zu dem Entwurf eines Bürgerlichen Gesetzbuches, gefertigt im Reichsjustizamt, Bd. VI, Berlin, 1891
Zit.: Zusammenstellung

Peter Lang · Internationaler Verlag der Wissenschaften

Christine Bunzel

Der Ersatz vergeblicher Aufwendungen im modernisierten Schuldrecht

Frankfurt am Main, Berlin, Bern, Bruxelles, New York, Oxford, Wien, 2007.
XXVIII, 253 S.
Schriften zum Handels- und Wirtschaftsrecht.
Herausgegeben von Herbert Leßmann und Ralph Backhaus. Bd. 16
ISBN 978-3-631-56162-1 · br. € 54.70*

Erweisen sich Investitionen oder Dispositionen sonstiger Art eines Vertragsteils im Nachhinein durch die Verletzung von (Leistungs)-Pflichten der anderen Seite als vergebens, stellt sich die Frage ihrer Ersatzfähigkeit. Bis zum Jahre 2002 war hier Richterrecht maßgeblich. Erst die Schuldrechtsmodernisierung brachte mit § 284 BGB eine gesetzliche Regelung. Die Studie analysiert, welche Auswirkungen sich hierdurch in der Fallpraxis sowie auf rechtstheoretischer Ebene ergeben. Gezeigt wird, wo nunmehr eine Ersatzpflicht besteht bzw. ausscheidet. Dabei analysiert die Verfasserin die anspruchsbegründenden Voraussetzungen der neuen Norm. Dies geschieht unter Auswertung der früheren Rechtsprechung und des Amerikanischen Rechtskreises. Letzterer stand für die Regelung des § 284 BGB Pate.

Aus dem Inhalt: Analyse der früheren Rechtsprechung (Rentabilitätstheorie) und des Amerikanischen Rechtskreises · Konsequenzen für die Auslegung von § 284 BGB · Erörterung des Anwendungsbereiches und der anspruchsbegründenden Voraussetzungen · Auseinandersetzung mit Kritik an § 284 BGB · Auswirkungen auf andere Rechtsgebiete

Frankfurt am Main · Berlin · Bern · Bruxelles · New York · Oxford · Wien
Auslieferung: Verlag Peter Lang AG
Moosstr. 1, CH-2542 Pieterlen
Telefax 0041 (0)32/376 17 27

*inklusive der in Deutschland gültigen Mehrwertsteuer
Preisänderungen vorbehalten

Homepage http://www.peterlang.de

FSC
www.fsc.org
MIX
Papier | Fördert gute Waldnutzung
FSC® C083411

Kolibri 360 GmbH
Ferdinand-Jühlke-Straße 7
99095 Erfurt, Deutschland
produktsicherheit@kolibri360.de

Druck:
CPI Druckdienstleistungen GmbH
im Auftrag der
Kolibri 360 GmbH
Ferdinand-Jühlke-Str. 7
99095 Erfurt